じっぴコンパクト文庫

3秒で採用！
絶対「通る」プレゼン資料の
つくり方

天野暢子

実業之日本社

はじめに
「通る」資料作りのコツを伝授!

プレゼンは資料がすべて!

　多くの資料作成の本の中から、本書を手に取っていただき、ありがとうございます。この本のテーマは「意思決定を引き寄せる」プレゼン資料の作り方です。タイトルの『絶対「通る」』というフレーズに興味を持って選んでくださった方も多いのではないでしょうか。

　先輩が作った資料をまねて作ってもOKがもらえない、本を読んだり講座に通ったりして資料の作り方を一生懸命勉強してきたのに自分の提案が選ばれない、そんな悩みをお持ちの方が多いのではありませんか。

　おそらく、**あなたがこれまで学んできたのは「資料の作り方」であって、「"通る"資料の作り方」ではなかったのです。**

　資料というと「プレゼン資料」「営業資料」のように、プレゼンテーションや営業活動の一部として考えられがちです。

　しかし、実は**「資料こそがプレゼンテーションそのもの」**なのです。資料が通過して初めて対面プレゼンで説明する機会を与えられますし、最終的な契約や支払いにも裏付け資料は必須です。逆に、**きちんと作り**

込めば口頭説明は不要になるのが、資料の魅力なのです。

採否を決める5つの要素

では、「意思決定を引き寄せる」資料とはどのようなものでしょうか。資料はビジネス文書の一種ですから、ビジネスマナーを踏まえなければいけない部分と自由に表現してよい部分とがあります。私は資料を作る際、意思決定者を思い浮かべながら、常に次の5つを考えています。

【決め手はGHOUS（ガウス）！】
Goal（目標意識）
　この資料によって「何が」「どうなる」のかを常に意識する
Hospitality（気くばり）
　相手にとってうれしい、心地よいもので意思決定を促す
Originality（自分らしさ）
　あなたらしさを伝えて選ばれやすくする
Usability（使いやすさ）
　相手の使いやすさを徹底する
Simple（シンプル）
　相手を説得ではなく直感で納得させる

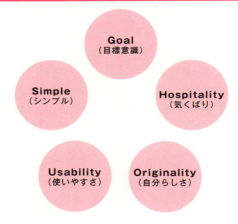

　まず、その資料によって「何が」「どうなる」という到達地点を作り手自身が決めていなければ、相手をゴール（Goal）に誘導することはできません。あなたはただ資料を作るのではありません。「何が」「どうなる」資料を作るのかを最初に考えましょう。

　そして、資料の善し悪しを決めるのは機械やシステムではなく、感情を持った人間です。相手への気くばり（Hospitality）が心のOKボタンを押させます。小

さな気くばりを織り交ぜて相手の気持ちを快適な方向に導きます。

次に、どこかの誰かが作った資料の上書きではなく、自分らしさ（Originality）を見せることでも選ばれる資料に変わります。相手に気分よく選んでもらうには使いやすさ（Usability）はとても重要です。面倒なものが選ばれることはありませんから、**相手は決めるだけでよいような状態**にして渡します。

最後にシンプル（Simple）です。説明ではなく直感させることで、相手を考え込ませずにゴールに誘導します。

選ぶ側の心理に立って考える

私は約30年間、マスコミ業界で"伝える"仕事をしてきました。広告会社、広告主、マスメディアでそれぞれ勤務したことにより、「プレゼンする側」と「プレゼンを受ける側」の両方を経験しています。これまで数えきれないほどの資料を作って提出してきましたが、一方では選んで意思決定する側の経験も豊富です。

プレゼン・コンシェルジュ天野暢子の作る資料が「通る」のは、この**「受けて」「選ぶ」側の心理を知り尽くしている**からです。意思決定者が複数いる場合、私以外の人がどんな考え方で選んでいるか、どんなことを言いながら決めているかを観察、研究してきまし

た。
「相手はこんな人だから、これを求めていて、こういうものは避けるはずなので、このように提出すれば決めてもらえる！」という戦略を立ててから作り始める資料だから次々と決まっていくわけです。

6つのステップなら必ず作れる

長年の資料作成の経験から「上手な資料の作り方を教えてください」と声をかけられることが多いのですが、ほとんどの方がつまずくのは"何から手をつけれ

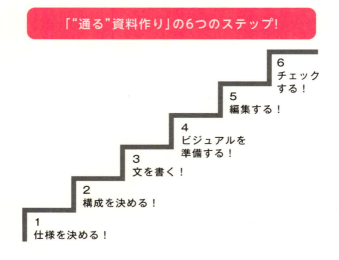

ばいいかわからない"という点です。

　企画書の書き方や資料の作り方は学校や会社では教えてくれないことがほとんどです。私が長年かけて身につけてきた「資料力」を、どうすればほかの方でも簡単に再現できるかについても考えてみました。

　そこでたどり着いたのが、階段を上がっていくように、決められた通りのプロセスを進んでいく方法です。

　これから本編で詳しく紹介していきますが、どんな資料を作るときも必ず左図に示した、「仕様を決める→構成を決める→文を書く→ビジュアルを準備する→編集する→チェックする」という6ステップを1つずつ進んでください。

ひとつでも欠けたらダメ資料!　6W2Hとは

　特に最初のステップの仕様決定は疎かにしがちですが、「通る資料」には避けて通れないものです。

　プレゼン・コンシェルジュとして、日々、多くの資料に関わっていると、意思決定に必要な情報が載っていない資料に出合うことのなんと多いことか。プレゼンのプロ、資料作成のプロと呼ばれる人たちが作る資料であってもそれは例外ではありません。**判断のための材料がなければ、その資料にゴーサインが出ることは決してない**のです。資料を通すために確認すべき必須情報は、次の「6W2H」で確認します。

どれかひとつでも省略することがあれば、必ず、漏れが出て、資料が通らない原因を生むことになります。

What	何を？
Who	誰が？
When	いつまでに？
Where	どこで？
Why	なぜ？
Whom	誰に？
How	どのように？
How much	いくらで？

　本編で詳しく説明していきますが、提出相手や使う状態は必ず確認してから作り始めます。同じ商品を提案するにしても、A社に出す資料とB社に出す資料がまるまる一緒では意思決定を引き寄せることはできません。

"通る資料"はあなたの人生を変えていく!

　これらの基本を忘れることがないよう、本書ではすべてのページに、その項はどの「GHOUS」と「6W2H」に関連しているか併記しました。さらに、やり残しがないか提出前に確認するチェックシート、ワードやエクセルでもOKな代表的な資料のサンプルも豊富に掲

載しています。資料作りに慣れていない方はまずこの基本に忠実に進めてみましょう。

　資料を通す力が身につくと、やりたいことがどんどん実現していきます。やりたいことが次々叶えば、人生がいきいきと輝いていきます。
　あなたの人生にステキな変化が訪れるよう、この本が役立つことを願っています。

3秒で採用！ 絶対「通る」プレゼン資料のつくり方　CONTENTS

はじめに ……………………………………………………………………2

STEP1
「6W2H」で「仕様を決める」！

01 What（何を？）
意思決定に必要な情報は何か ……22

02 Who（誰が使う？）
「らしさ」を演出する ……25

03 When（いつまでに？）
**「○日まで」では不十分。
「×時まで」を確認する** ……27

04 Where（どこで？）
使う場所で作り方を変える ……29

05 Why（なぜ？）
最終ゴールと今回のゴールがある …31

06 Whom（誰に？）
オトす相手のリサーチポイント ……… 33

07 How（どのように？）
自分が見せたい完成形で渡す ……… 35

08 How much（いくらで？）
コスト感なしでは決定できない ……… 37

STEP2

資料を「構成する」！

---

01 素材はどのようにして集めますか？
裏付けデータは最強のサポーター ……40

02 相手のベネフィットが盛り込まれていますか？
「お得感」で相手をオトす ……………… 44

03 伝えたい項目が多すぎませんか？
魔法の数字「3」にこだわる ……………… 48

04 相手に考え込ませていませんか？
**スーパーのチラシ方式なら
どんな情報も整理できる** ……………… 52

05 見ただけであなたの資料と直感されますか？
「らしさ」を出せば好感度が上がる ……56

06 資料に適したレイアウトになっていますか？
気が利く人は「タテヨコ」選びに手を抜かない ……60

07 相手が読める情報量になっていますか？
資料の鉄則は数秒で見渡せること ……64

08 相手が読みやすい余白は確保してありますか？
3割の余白でポイントを目立たせる ……68

09 いきなりパソコンに向かおうとしていませんか？
まずは設計図。編集はそれから ……72

STEP3

資料の「文を書く」！

01 言いたいことが明確に表示されていますか？
犯人を冒頭で明かすとその後に謎解きをしたくなる ……78

02 タイトルだけで内容がわかりますか？
タイトルで伝えるのは「何がどれだけ」スゴいのか …… 82

03 短時間で意思決定できる情報量になっていますか？
お手本は「Yahoo!ニュース」。タイトルは13字程度で …… 86

04 理解しやすい文章で伝えていますか？
スイスイ頭に入る文章を書くコツ …… 91

05 時間のない相手がすぐに判断できるものですか？
箇条書きならスッキリ理解 …… 95

06 正確な表現で伝えていますか？
数字の持つインパクトを120％活かす …… 99

STEP4
資料の「ビジュアルを準備する」！

01 文章だけで説明していませんか？
人間の心は視覚に大きく左右される …… 104

02 ビジュアルの多用で相手を迷わせていませんか？
多いと逆効果。ビジュアルは１ページ１点 ················108

03 相手の目を自分の思うように誘導できていますか？
見てほしいものは左上に置く ················113

04 戦略的ツールとして表を使っていますか？
表にメッセージを込めるコツ ················118

05 伝えたいメッセージはスムーズに伝わっていますか？
効果倍増！カンタン！グラフ加工術 ················122

06 具体的イメージをどれだけ提供していますか？
ビジュアルの演出でイメージを共有する ················127

STEP5

資料を「編集する」！

---

01 色使いのルールは決めていますか？
相手の心が動く色使いのルール ········132

02 フォントの個性を意識していますか？
フォント選びで印象を操る
......136

03 文字の大きさは何を基準に決めていますか？
文字サイズでメリハリとリズムを作る
......140

04 読み手にストレスを与えていませんか？
ヘッダー・フッターで迷子にさせない
......144

STEP6
資料を「チェックする」！

01 相手が行動できる仕組みが盛り込まれていますか？
締め切りと連絡先がないと相手は行動に移さない
......150

02 信頼される内容になっていますか？
誤字・脱字、事実関係のチェックのポイント
......154

03 再利用できるデータになっていますか？
"都合のいい"資料は選ばれやすい ……158

04 資料の体裁は問題ありませんか？
確認と仕上げは必ずヒトの手で ……162

05 相手に失礼、迷惑な資料になっていませんか？
誠意と思いが伝わる渡し方 ……166

巻末資料 I

このまま使える
プロの必勝テクニック！

【プロの必勝テクニック 1】
罫線・セルの使い方でポイントを強調
〜表組み ……172

【プロの必勝テクニック 2】
感覚に訴えかけて心をわしづかみする
〜クリップアート ……176

【プロの必勝テクニック 3】
生き生きとリアルに伝える
〜写真とスクリーンショット ……180

【プロの必勝テクニック 4】
ひと目で伝わる、きちんと感と安定感
～オブジェクトの整列 …………………………………………………184

【プロの必勝テクニック 5】
「自分らしい」資料を効率的に作る
～テンプレートのスライドマスター設定 ……………………………188

【プロの必勝テクニック 6】
見たい・知りたい願望を盛り上げる
～ PowerPoint の切り替え・アニメーション・消していく手法 ‥192

【プロの必勝テクニック 7】
使い回さず、ひと手間かけて
～スライドと配付資料 …………………………………………………196

【プロの必勝テクニック 8】
ボリュームを見直して、情報量を調整する
～リハーサル機能 ………………………………………………………200

【プロの必勝テクニック 9】
パワポでプレゼン時にトラブル発生！
こんなときどうする？
～紙資料は常に準備 ……………………………………………………204

巻末資料 II
今すぐ使える
プロのお宝テンプレート集！

【プロのお宝テンプレート 1】
社内会議の案内（Word）
～月例会議 ··· 208

【プロのお宝テンプレート 2】
企画書タテ（Word）
～社内企画・予算確保 ·· 210

【プロのお宝テンプレート 3】
企画書ヨコ（PowerPoint）
～社外提案・アイデア ·· 212

【プロのお宝テンプレート 4】
プレスリリース（PowerPoint）
～マスコミ向け ·· 214

【プロのお宝テンプレート 5】
イベント集客チラシ（Word）
～顧客呼び込み ·· 216

【プロのお宝テンプレート 6】
営業資料（Excel）
～全国会議 ··· 218

【プロのお宝テンプレート 7】
報告書（Word）
〜視察 ··· 220

【プロのお宝テンプレート 8】
職務経歴書（Word）
〜プロジェクト責任者立候補 ··· 222

【プロのお宝テンプレート 9】
新プロジェクト提案書（PowerPoint）
〜表・グラフ入り ··· 224

【プロのお宝テンプレート 10】
セミナーアンケート（Word）
〜イベント参加者向け ·· 230

【プロのお宝テンプレート 11】
新商品リリースペーパー（PowerPoint）
〜展示イベント ··· 232

資料作りのセルフチェック「6W2H」、資料作りの6つのステップ ··234

おわりに ·· 235

※Microsoft、MS、Windows、Office、Word、Excel、PowerPointは、米国およびその他の国における米国Microsoft社の登録商標または商標です。そのほか、本書に記載されている会社名、製品名等は各社の登録商標、商標、商品名です。本文中に™マーク、®マークは明記しておりません。

STEP1

「6W2H」で「仕様を決める」!

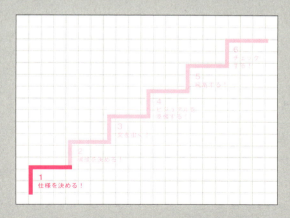

01 What（何を?）
意思決定に必要な情報は何か

→ 資料の目的は「通す」こと

　資料作成の目的とは相手の意思決定を導き出すことにあります。どれほどキレイに整った資料であっても、結果を出す「通る」資料でなければ意味はありません。意思決定に必要な情報とは何なのか、最初にそれを列挙し、整理するところから資料作りはスタートします。

→ 必須情報を6W2Hで書き出す

　意思決定のために手がかりになる情報を「6W2H」で考えてみます。

　社内会議を招集して参加者の出欠をとる資料を例にし、リストアップしてみましょう。

```
What（何を?）営業部 月例会議
Who（誰が?）本社営業部 山中昌弘
When（いつまでに?）5月23日（火）午前10時
                　～午後3時
```

社内会議の案内の「6W2H」

Where（どこで？）本社7階 B会議室
Why（なぜ？）下半期の売上予測発表
Whom（誰に？）各支店の営業部長
How（どのように？）全支店 北から発表
How much（いくらで？）出張費用は本社負担

　意思決定のポイントは状況や意思決定者によってさまざまです。6W2Hをすべて網羅するように情報を挙げていきます。
　さらに、ここでいえば、**参加者が出欠を決める要素になる情報を特定**していきます。漏れ・抜けは自分以外の誰かにチェックしてもらうことで防止できます。

02 **Who** (誰が使う?)
「らしさ」を演出する

→資料も人柄で選ばれる

　資料を作るのはあなたでも、実際に使うのは「自分」か「自分以外」か、最初に確認します。
　ビジネスの現場では、上司が使う資料を部下が作るというケースはたくさんあります。

　私自身も裏方として勤務先の社長や上司が使う資料を作ってきました。
　同じ内容の資料を複数の人に作ってもらうとよくわかりますが、各人の個性で出来上がりはさまざまです。レイアウトひとつ、選ぶ文字のサイズひとつをとっても、その人の人柄がにじみ出るものです。
　あなたらしさを出した資料を作成することで「あなたの資料」としての認知度が上がってきます。
　そのキラリと光る個性が意思決定のポイントになることも少なくありません。

→その人らしさを見せる

　自分以外の他者が使う場合も、その人らしさが前面に出なければなりません。

　60代の方が使う資料を20代の人が作る場合、気づかぬうちに若者言葉やかわいらしいイラストを選んだりしているかもしれません。この場合、言葉遣いや色、エピソード、ビジュアルなども60代にふさわしいものを選んでいきます。

　すると、受け取る相手だけでなく、使う人のこともよく知らなければ作れません。

　資料は使う人の分身ですから、資料作りを代行するという感覚ではなく、**使う人になりきって作る**ことがポイントです。

03 When (いつまでに?)

「○日まで」では不十分。
「×時まで」を確認する

→締め切りは絶対条件

　資料を作り始めるときは締め切りを最初に確認します。どんなに素晴らしい資料も、締め切りに間に合わないものは、評価、検討の対象になることはありません。いわば不戦敗になってしまいます。

　よく耳にするのが「なるはやで」(なるべく早く)というあいまいな指示です。

　ある人は「30分以内」と思うかもしれないし、別の人は「今週いっぱい」と考えるかもしれません。

　取引先などに出向いてさんざん打ち合わせをしても、これを聞き忘れる人は非常に多いものです。

　忘れていたら、電話やメールで、**締め切りについて「何日」だけでなく「何時」まで確認**しましょう。

→優先順位をつけて予定を立てる

　締め切りがわかったら、やるべきことに優先順位をつけ、逆算してスケジュールを立てていきます。

　①進行上、不明な点は質問して確認をとる
　②他者が関係する業務は相手のスケジュールを確認して依頼する
　③打ち合わせの会議室、出力プリンター等の予約をしておく
　④費用がかかるものは予算の承認をとる
　⑤休日・夜間等にできない調査・買い物などを先に済ませる　など

　締め切りが当日中でも、数週間後であっても、まずはこれらを手配してから、資料作成の実務に入ります。苦心して作る資料が時間配分のミスで間に合わず失格になるようなことは、絶対に避けなければなりません。

04 Where（どこで?）
使う場所で作り方を変える

→使う場所で3種類に分類できる

　資料はどこで見られるかによって３種類に分けられます。①現場で見せるだけ（スライドなど）、②現場で見せ、資料も相手に渡る（スライドと配付資料）、③資料だけが相手に渡る、という３パターンです。
　自分が作成するものがどれにあたるのか、これは資料を作り始める前に必ず確認します。

　①は見せるだけのスライドや、紙資料で見せてもその場で回収するケースです。機密情報を守るため、資料を外部に渡さないときなどにこの方法がとられます。この場合、口頭で補足説明ができるため、文字量は極力少なく抑えられます。

　②はスライドで説明しつつ、資料も渡すので、情報の伝達力はもっとも強力です。詳細はあとから紙の資料で読んでもらえるので、スライドはインパクトのあ

る写真や動画、動き（アニメーション）等を中心に、ビジュアルで引きつけることができます。

→説明がなくても理解される内容に

③の場合、資料はあなたの手を離れて独り歩きします。補足説明がなくても理解され、認められるものにしなければなりません。

その場にいれば口頭で補って済むことでも、誰が読んでも誤解のない表現が求められるのです。

その結果、渡す資料の情報量は見せるだけの資料より多くなる傾向があります。

あなたが資料について説明して回ることはできません。渡した相手以外に資料があちこちに出回ったとしても**勝手に協力者や仕事を集めてくるような、正確で説得力のある資料**に仕上げましょう。

05 Why (なぜ?)
最終ゴールと今回のゴールがある

→何を目的として作る資料なのか

　これから作る資料は何をゴールとするのか。それが、結果を出す資料作りの最大のポイントです。
「何が」＋「どうなる」ことをゴールとしているかを明確にしなければ、望む結果は得られません。多くのビジネスはいくつものステップを踏んで進みます。
　さまざまな段階で何度も資料を見せるので、「今回の資料のゴール」を決める必要があります。

→最終ゴールと今回のゴール

　相手に見せる資料の数だけ「今回のゴール」は設定しなければなりません。たとえば５つのステップがある場合は、

　ゴール１　「社名と商品名」＋「覚えてもらう」
　ゴール２　「自宅訪問」＋「約束をもらう」
　ゴール３　「予算規模」＋「教えてもらう」

ゴール4 「見積もり」＋「依頼される」
などの段階を経て、最終的に、

最終ゴール「商品」＋「買ってもらう」

まで導くためのツールが資料なのです。
　各段階のゴールが決まった後は、**相手からその意思決定を引き出すためにどんなアプローチがあるか**を考えます。
　商品やサービスの素晴らしさを伝えてファンになってもらう、相手が抱える問題を解決する、安さで飛びついてもらう、限定感を打ち出して購買意欲を上げるなどです。

06 Whom (誰に?)
オトす相手の
リサーチポイント

→どんな相手を、どんな形でオトすのか

あなたの資料を見て、意思決定を下すのはどんな人でしょうか。

それを知らずして攻略はできないので、これを徹底的に考えます。

確認するのは相手がひとりか複数か、その人(たち)の性別、年齢、**職業、役職、知識や経験のレベル、何に関心があるか、好きなもの、嫌いなもの、決定権**があるのは誰かなどです。

世代ひとつとっても、年配の方であれば文字サイズを大きくして読みやすくする、その世代の方に通用する言葉を使うなどの配慮ができます。

社内の相手なら可能な限り調べます。相手が直属の上司のみという場合は年齢や入社以来どんな仕事をしてきて、何の専門家か、IT関係には疎い、出身地など、あなたはすでにご存じかもしれません。別の事業

所や部署で働く人であれば、ささいなことでもいいので、同僚からリアルな情報を集めます。

→調べて、想像して相手を特定していく

　一方、意思決定者が明確でない場合は想像で相手をプロファイル（人物像分析）していきます。決定権を持つのは誰かを推定し、その人たちの頭の中を想像して、決定につながるポイントを探ります。

　実務ではこれまで取引のない企業に提案するのもよくあることです。会社のホームページなどで、取扱商品、事業規模、沿革等を調べます。
　このように、意思決定者はまったくわからないわけではなく、**調べ方と想像力次第で、属性はある程度特定できます。**
　この後の各ステップでは、その属性を念頭に資料を作っていきます。

07 **How**（どのように?）

自分が見せたい
完成形で渡す

→データ資料か紙の資料か

　資料と聞けば大半の方が紙の資料を思い浮かべるかもしれません。

　ところが、資料にはメールやUSB、Webからのダウンロードなど①データで渡す場合と、②紙資料で渡す場合の２種類があります。

　データで渡す場合、相手のパソコンでは、ファイルが開かない、文字化け、動作がおかしいなどの不具合が起こり、文字やビジュアルが元通りに表示されないこともあります。イメージカラーを駆使して作った資料でも、相手はモノクロで印刷してしまうかもしれません。１ページに２面、４面と印刷して文字が読めない状態かもしれないのです。

　こうした表示の変化を最小限に抑えるなら、**作ったままに表示固定できるPDF方式の保存**がおすすめです。

→それぞれの資料ならではの気くばりが必要

　その点、印刷した紙資料なら、文字化けしたり色が変わったりすることはありません。大きさも変わりませんから、見せたい大きさで文字やビジュアルを見せられます。

　一方、紙資料はデータとは違った気くばりも必要になってきます。スライドのデータなら１画面に文字１行、ビジュアル１点とパラパラ見せていく手法もありますが、それを紙でやると膨大になってしまいます。
相手がコピーをとったり、持ち歩いたりすることを考慮するとコンパクトにおさめるべきです。
　さらには相手先でのコピーによって本来見せたい色が変わってしまうことがあります。モノクロでコピーされても問題ない色を選ぶことも考慮しましょう。

08 How much （いくらで?）
コスト感なしでは決定できない

→意思決定にもっとも重要な要素

　意思決定を左右する情報は「コスト感」です。どんなに魅力的なアイデアや企画も、金額なしでは相手は判断ができません。

　金額には①相手が支払う金額、②無料、③相手が受け取る金額の３種類がありますが、これらのコスト感と呼ばれるものが、意思決定の決め手となることがあります。

　①は相手が負担する額ですから出費です。負担は仕方ありませんが、"定価10万円のところ７万円で提供する"というような伝え方で、お得なコスト感は提供できます。

　②は提案内容にコストがないパターン、つまり「０円案件」です。"時間が短縮できる" "必要な人数が減らせる"など、目に見える値段や金額はなくても、相

手がお得と感じる情報もコスト感の一種です。コストのかからない提案ならOKが出る案件も多いので、忘れずに「無料」「0円」と明記してアピールしましょう。

→収入になる金額こそ大きく提示する

　③は相手が受け取る金額が発生する提案です。金額というと出ていくお金を思い浮かべることが多いと思いますが、

"手続きを行えば最大で10万円が還付されます" "何日までに決定いただくと3万円キャッシュバック"

　といった類のものがこれにあたります。これも金額で紹介しない手はありません。

　意思決定にもっとも重要なのはコスト感の明示です。見積もりとは別のため、詳細である必要はありません。概算いくらなのかが相手に伝われば大丈夫です。

STEP2

資料を「構成する」!

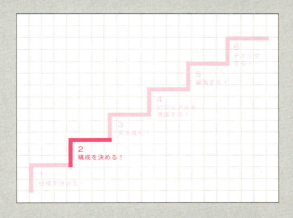

01 What（何を?）
裏付けデータは最強のサポーター

Goal（目標意識） 素材はどのようにして集めますか?

→前例にアイデア・工夫・新データをプラスする

　資料作成の目標（Goal）は相手から意思決定を引き出すことです。そのために必要な情報は何（What）でしょうか。

　資料は一から作り始めるのではなく、まずは社内に利用できるものがないかを探します。前回、他の人が作った資料があれば、それを基に加工できますし、どのような項目が入っているかも確認できます。

　けれども、情報の上書き更新をするだけでは他人が作った資料のままです。さらにあなたなりのアイデアと工夫で通る資料に進化させていきます。

　そこで、通る資料には説得力のある裏付けデータが不可欠になってきます。これも社内にこれまでのデータがないかを調べます。たとえば前年まで過去5年の売り上げデータがあれば、今年の数字を加えることで、比較・検討できるデータになります。

→ 外部データをうまく活用する方法

　さらに説得力があるのは公的機関など外部のデータです。インターネットで関係ありそうなキーワードとともに、「資料」「データ」「調査」などの単語を加えて検索すると該当のデータを探しあてることができます。「自動車□輸出□調査」（□は全角スペース）の要領です。Webサイトからダウンロードできるようにするし資料を公開している会社や組織も多いので、「（キーワード）□PDF」で検索してみるのも効果的です。

　ただし、情報が収集できた後の利用には注意が必要です。Webサイトに掲載された表やグラフの画面を加工して、そのまま自分の資料に貼り込んでいる人を見かけます。画像をそのまま加工して使うことは問題です。著作権面の問題もありますが、「グラフ8-3」などの資料全体での通し番号までが元のままだと、相手に誤解を与えてしまう可能性があります。面倒でも入手した表やグラフを見ながら、入力して新規で作り、表題もつけ直します。

→ 人間は権威や公的データに弱い

　インターネットが普及してからは、何でもネット検索で探して使う傾向にありますが、それ以外の情報源

も活用しましょう。その理由として**ネット上に掲載されている情報がすべてではない**という点が挙げられます。ネットで調べたことを手がかりに、それは正しいのか、ほかに説得力のあるデータがあるのではないか、別の角度から検証してみる必要があります。

　図書館や書店の書籍、辞典、白書なども参考にして、使えそうなデータを探します。学術書や論文は巻末の参考文献によって価値が認められます。公式の著作物を基に作成した書籍や論文であるということが権威や信頼に結びつくのです。官公庁や公的機関の出した出版物は信頼してまず間違いありません。その際、**引用するデータは必ず出典を明示**しましょう。

　そのほかには、あなたにしか出せないデータも重宝されます。"自分の周囲の主婦20人に聞きました"でも"部内の3年間の勤怠状況"でも立派な独自調査です。**どんなビッグデータよりも、どこにも出ていないデータは貴重**です。さらに、既存のデータと独自のデータを組み合わせた表やグラフに加工して見せれば、手間をかけたあなたの付加価値が評価され、意思決定につながります。

公的データで裏付けする
独自データが相手を引きつける

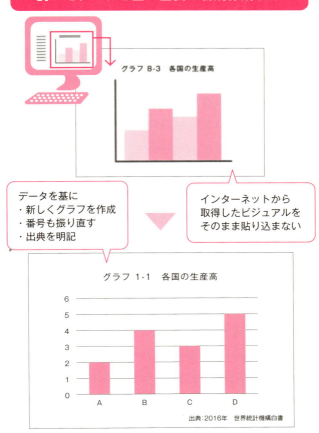

02 **Whom**（誰に）

「お得感」で相手をオトす

Goal（目標意識） 相手のベネフィットが盛り込まれていますか？

→明るい未来を描いて意思決定を導く

　通る資料とは「あなた（Whom）にとってのベネフィット（お得）がある」ので、「○○」が「よくなる」と、明るい未来を期待させるものです。たとえば、「この製品を導入すると、電気代30％カットで、御社の光熱費が削減できます」と、将来のお得な状態を感じさせて意思決定（Goal）に導くのです。

　お得というと、商品なら安いもの、飲食店のメニューなら量が多いものなどを思い浮かべがちですが、そうとは限りません。ブランド物のバッグは高いからこそ価値があると考えている人も多いですし、ダイエット中の人にとっては少量のメニューのほうがありがたいこともあります。

　つまり、ベネフィットは相手によって異なります。相手は誰で、その人にとって何がベネフィットかを特定しなければ、相手の心をつかむことはできません。

→ 物質ベネフィットと感情ベネフィットがある

　ベネフィットには物質ベネフィットと感情ベネフィットの２種類があります。

　ビジネスの現場で「価格が安い」「コストダウンが見込める」「最新のデザイン」といったものは物質ベネフィットになる要素です。

　その先に"これで部署の年間目標が達成できそうだ""これならノルマの売り上げが確保できる"という未来がイメージできるからです。「儲かる」「自分が褒められる」「問題が解決する」につながるものも物質ベネフィット候補です。

　一方は感情ベネフィットです。**物事を決めるのは機械でもシステムでもなく人間です。そこには必ずその人の感情が入ります。**「なんとなく東京人は虫がすかない」「赤いものなら何でも好き」という、好みや好き嫌いに近いベネフィットも考慮しなければいけないのです。「楽になる」「面白い」「新しい」などは感情ベネフィットにつながります。

→ ベネフィットを見つけて、上手に伝えるテクニック

　ベネフィットを盛り込まなければ意思決定につながらないことはどなたでも理解できると思いますが、問題はそのベネフィットをどうやって見つけるかです。

最初の一歩としてインターネットで社名や個人名を検索してみます。ビジネスをしている個人や企業ならWebサイトやブログ等を持っています。そこに**トップのプロフィールや顔写真、会社の沿革、社是**などが出ているはずです。「安全第一の企業」とか「安さ勝負の店」（物質ベネフィット）、「コーポレートカラーは水色と黄色」「社長は巨人ファン」（感情ベネフィット）といったことがわかります。

　個人でもTwitterやFacebook等のSNSを使っていて、**生年月日や出身地、趣味、嗜好**が掲載されています。

　そこで「事故率が３割低下するシステム」「利益率15％の増加が見込める新メニュー」といった文を盛り込むことで相手の物質ベネフィットのアンテナにかかります。

　あるいは資料を、コーポレートカラー中心の色や巨人カラーの黒とオレンジで作ることで好感を持たれ、感情ベネフィットに結びついていきます。

　どちらか片方でも結構ですが、「物質ベネフィット×感情ベネフィット」両方が入っていればベストです。

POINT　提案によって得られるベネフィットを明示
　　　　　物質・感情両面からベネフィットを探る

「物質」と「感情」両面のベネフィットを提示しよう

●物質ベネフィット
（目に見える効果）
・安い
・コストカット
・儲かる
・○○がもらえる
・割引になる
・無料
・オマケがつく
・労働時間が減る
・自分に手間がかからない

●感情ベネフィット
（無意識のもの）
・好き
・キレイ
・面白い
・新しい
・楽しい
・うれしい
・なんだろう？
・気になる
・ひっかかる
・○○なら無条件に好き
・面倒ではない

ベネフィットの候補になるもの

・問題が解決する
　（痩せる、合格する、トラブルが減る）
・自分が褒められる
・手柄を立てられそう
・異性からモテそう

03 What（何を）
魔法の数字「3」にこだわる

Simple（シンプル） 伝えたい項目が多すぎませんか？

→ アレもコレもでは覚えてもらえない

　あなたが資料で相手に伝えたい情報はたくさんあるでしょうが、多くの情報を押しつけると逆に何も伝わりません。伝えるべき情報（What）は厳選してシンプル（Simple）に伝えなければなりません。厳選とは具体的には3点に絞り込むことです。

　情報を記憶してもらうには3点が効果的なのです。私はプレゼンテーションや資料作成の本を片っ端から読んだことがありますが、どの著者の本も「3点で伝えるのが鉄則」という点だけは一致していたというほどの、基本原則です。

　魔法の数字「3」の理由ですが、カメラの三脚を思い浮かべてください。3本で自立しています。イスのように脚が4本あればさらに安定しますが、崖など斜面では3点のほうが安定します。3は"安定する最小"の数字なのです。

　それを知って世の中の数字を見回してみると、「三

種の神器」「心技体」「清く正しく美しく」「三位一体」のように3点で記憶されるものが多いことに気づくでしょう。オリンピックやさまざまなコンテストも「金銀銅」とメダルのある3位までがニュースとして取り上げられるのです。

→3グループに振り分けてネーミングする

　私があるセミナーに参加した際、講師から「重要なポイントは17あります」と言われたことがあります。それを聞いた瞬間、私は"全部覚えるのはや〜めた"と思いました。あなたも同じではないでしょうか。人は**4つ以上のことは「たくさん」になってしまい、瞬時には記憶できない**のです。せっかく大事な情報を伝えても、数が多すぎては誰の記憶にも残らないという結果に終わります。

　では、膨大な情報をどのようにして3点に絞り込めばいいのでしょうか。方法は簡単です。**①多くの情報を性質の似たもので3つのグループに分ける、②そのグループの特徴を考える、③そのグループの名前をつける**……この3ステップです。

　大企業の従業員を例にとると、研究員、システムエンジニア、営業、営業事務、経理、広報などさまざまな職種があります。これを3つに分類するなら「開発部門」「営業部門」「管理部門」という分け方ができま

す。詳細が必要なときだけ内訳を説明すれば十分でしょう。

　どんな情報も３点で伝えていくというルールを決めておけば、「今回はいくつで伝えようか」という迷いがなくなります。２点しかない場合でも、もう１つひねり出して必ず３点で伝えていきます。

→３文字で脳裏に焼きつける

　さらには、３文字で覚えてもらえる並びや語呂を考えれば記憶されやすくなります。たとえば「お客様（おきゃくさま）、人材（じんざい）、技術（ぎじゅつ）」の頭文字をとって「おじぎ」といった要領です。この例はある企業が誇る財産ということで会社のＰＲに使われていたものです。当初の並び順は「技術、人材、お客様」でした。私は"それでは覚えにくい"と指摘し、並べ替えて「おじぎ」で覚えてもらうよう紹介方法を変えてもらいました。私自身もこれで覚えたおかげで、数年たった今でも３つの財産を明確に記憶しています。そのほかにも、JALやCADのように、英語の頭文字を３文字取るスリーレター方式も有効です。

POINT　情報は必ず３点に絞って伝える
　　　　　３文字語呂合わせで相手の記憶に刻み込む

安定する最小の数字は「3」

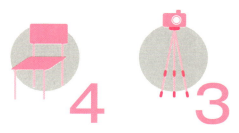

4　3

情報は「3グループ」に整理するとわかりやすい

取り扱い一覧

1. パソコン　　2. スマートフォン　　3. タブレット

1. パソコン	2. スマートフォン	3. タブレット
Windows デスクトップ	iPhone	iPad シリーズ
Windows ノート	Galaxy	Nexus7 シリーズ
Apple デスクトップ	Xperia	Galaxy シリーズ
Apple ノート		Xperia シリーズ
		Kindle シリーズ

04 What（何を）
スーパーのチラシ方式ならどんな情報も整理できる

Hospitality（気くばり） 相手に考え込ませていませんか？

→ 情報は整理したユニットで見せる

　ページ数の多寡にかかわらず、最初から最後までページが淡々と続くだけの資料があります。
　多くの情報をただ羅列しただけでは相手には伝わりません。 何（What）が書いてあるのか何度も読み返してやっと理解できるような資料では、なかなか決定には至らないのです。
　スーパーのチラシも「精肉」「鮮魚」「野菜」などのようなグループに分けて情報が掲載されています。相手が頭の中を整理しながら読めるようにするのが気くばり（Hospitality）の根底です。
　ボリュームの多い資料はパートを分けて見せます。
20ページの新商品発売プロジェクト資料なら、20ページを〈1〉新商品Aの概要、〈2〉マーケティング調査結果、〈3〉販売計画案、といったパート（章）に分類して見せることで、相手は頭の中を整理しながら読み進むことができます。同様に資料は図書館に並ん

でいる本のように「大分類 – 中分類 – 小分類」で整理しながら振り分けていきます。

→ 目次と中扉で位置情報を示す

　それを冒頭でわかるようにするためには、表紙の次に目次を入れます。目次はガイドのようなものです。**最初に全体の概略を伝えることで読む側も最初から頭の整理ができます**。読む、聞くための態勢が整い、心の準備ができるのです。

　書籍では「1章」「2章」のような章の区切りに1ページを割いて章扉が挟んでありますが、資料でも中扉を挟むことによって、"ここから、別の話題に切り替わります"という注意喚起ができます。

　"全体の中で、今はどのあたりを説明している"と示すために、すべての中扉に「1．実施内容　2．コンセプト　3．スケジュール　4．概算費用」と章名を表示しておき、該当する章名だけ色を変えて強調する方法があります。

　あるいは左から右に進む**ステップ図**やタブの色を変えて、書籍のインデックスのように"今説明している位置"を示すこともできます。

　中扉からスタートする章では、1章のテーマカラーは赤、2章のテーマカラーは青のように、テーマカラーを変えて、明らかにこの章は前の章とは別の話題を

説明していますという表現方法もあります。

会社案内などで、製本せずに1シートごとに見せる場合などによくとられているスタイルです。

→「とりあえず入れた情報」は意思決定の邪魔になる

資料本体には相手の意思決定を促すために必要なものだけを入れてください。よく見かけるのが、心配なのでとりあえず入れたとか、ないよりマシかもしれないと考えて入れて膨れ上がった情報です。余計なものが加わることにより、意思決定を邪魔することにもなりかねません。

必要不可欠情報と参考情報は必ず分けて考えましょう。

参考情報は、最後につけることもありますし、添付資料として別冊子にすることもできます。その際は、目次や本文に「※○○に関する詳細資料は別途準備があるのでお問い合わせください」というメッセージを添えます。

資料はパートごとに紹介する
目次で全体像をガイドする

情報を整理して見せよう

目次
1　新製品概要
2　販売計画
3　広告展開

目次や扉を挟むことで、相手は情報を整理しながら読み進むことができる

1　新製品概要　　2　販売計画　　3　広告展開

全体の中の現在地を示そう

工場別
業務改善発表会
資料

東北工場
関東工場
九州工場

ステップ図で"今説明している位置"を明確にする

05 Who（誰が）
「らしさ」を出せば 好感度が上がる

Originality（自分らしさ） 見ただけであなたの資料と直感されますか？

→オリジナル・テンプレートで信頼感や期待感を与える

　ビジネス文書の基本は踏まえた上で、企画書（タテ位置）、プレゼン・スライド（ヨコ位置）、プロフィール等、よく使う資料には自分（Who）のオリジナル・テンプレートを設定することで、自分らしさ（Originality）が伝わります。

　他の人との差別化を図り、個性を光らせていくことで相手から一目置かれるようになります。この人、この会社なら信頼して任せても大丈夫、こういうテンプレートで出してくる相手なら安心、期待できる、一緒に仕事をしたいと思わせることが重要です。

　その一例として、スッキリとしたレイアウトで洗練度をアピールする、ポイントで暖色系カラーを使って温かい人柄を見せる、逆に寒色系カラーでシャープに見せるなどの手法があります。太い文字を選んで力強さ、丸っこい文字を選んでかわいらしさを伝えることもできるのです。

さらにそれらを使い続けていけば、**資料とあなたの個性が一体となった「自分らしさ」として定着**していくはずです。

→色とフォントを変えるだけで「らしさ」が出る

　企業であれば、企業イメージの統一は必須事項です。そのためにはテンプレートの利用の徹底が不可欠です。ある会社の営業部から来た資料と広報部から来た資料がまったく別のデザインなのでは、会社としての価値を下げてしまうことにもなりかねません。

　すぐに対応可能で、相手にすぐ気づいてもらうことができるのは色です。自社のコーポレートカラーをメインに使います。ロゴやマークも会社を表すシンボルなのでぜひ入れましょう。

　次にフォント（文字の種類）、ポイント（文字サイズ）なども使うバリエーションを限定します。"表題や見出しはＭＳゴシック、本文はＭＳ明朝、サイズは32ポイント、28ポイント、12ポイント、文字色は黒とコーポレートカラーの緑と黄色のみ"といった具合です。

　著作権が誰にあるかを示すコピーライト表記、ページ番号、提出日時なども入れる位置やフォント等を決めます。

　これらはPowerPoint資料の場合、スライドマスタ

ーで設定します。WordやExcelではフッター、ヘッダーの部分に設定します。すると、新規ページを作っても、ページを並び替えても、同じ情報が常に同じ場所に表示されます。

→表紙やファイルの印象は想像以上に強い

　さらには表紙や入れ物でも自分らしさを出します。キャッチフレーズやサブキャッチ、イメージ写真やイラストなどを最初に目につく表紙にレイアウトすることであなたらしさは構築されるはずです。

　私は出版の企画書を出版社に渡す際、たまたま名刺ポケット付きクリアファイルしか売っていなかったので、顔写真入り名刺を入れて出すようにしたところ、"天野さんが出してくるのはこのスタイル"と周知されるようになりました。

　一度決めたテンプレートは定着するまで、最低でも1年は使い続けましょう。途中でコロコロ変えたのでは意味がないので、最初によく考えて設定しなければなりません。

　テンプレートを使い続け「らしさ」を出す
　　　　　　目に入る箇所では常にアピールできる

オリジナル・テンプレートを使い続けよう

製本カバーに入れて印象づけ

06 Why（なぜ）
気が利く人は「タテヨコ」選びに手を抜かない

Usability（使いやすさ） 資料に適したレイアウトになっていますか？

→ビジネス文書はタテ位置、スライドはヨコ位置が基本

資料のレイアウトは大きく4つに分類できます。①タテ位置ヨコ書き、②ヨコ位置ヨコ書き、③タテ位置タテ書き、④ヨコ位置タテ書きです。

①は議事録、稟議書などビジネス文書一般、②は提案書やスライドなど、③は官報や小説、国語の教科書、④は年表、式次第等が代表例です。

それぞれ理由（Why）があって**用途により使うべきレイアウトは決まっています。**それを無視して使うと相手にとって不便なものになります。たとえば、文字が多い資料をヨコ位置ヨコ書きで作ると1行の文字数が多くなり、行をまたぐときに次の行の文字を追えなくなります。

PowerPointはヨコ位置のみと考えられているようですが、実はタテ位置にもレイアウトできます。ほとんどヨコ位置しか使われないのは投影するスクリーンやモニターがヨコ位置だからです。

あるセミナーに参加した際、講師がPowerPointで資料を作れないからと、ヨコ位置で作ったWord資料を投影されたときは驚きました。操作する側もスクロールしてページ送りするのが大変そうでしたが、見る側も画面横幅いっぱいに広がった文字を追うのが大変だったからです。こういう状況が相手の使いやすさ（Usability）が考慮されていない場面と言えます。

　たかが印刷方向と思われるかもしれませんが、**相手が多くの資料を見ている場合、使い勝手の悪い資料を出したらそれだけでアウト**です。

　内容も重要ですが、開きやすさ、めくりやすさなどに気くばりできているかでも、**仕事を任せても大丈夫な人かどうかのビジネススキルを判断されています。**

→ タテ書きで気をつけるポイント

　多くの方はパソコンで文章を書くときヨコ書きで準備されるでしょう。DTP編集では、ヨコ書きで書いた文字列をタテ組みにもできますが、そこで注意点がいくつかあります。まずは**綴じしろ**です。ヨコ書きでは左を綴じるところ、タテ書きでは右になります。その分のスペースを見込まなければなりません。もう一点は**英数字の表記**です。ヨコ書きなら2017年とすんなり表示されるところ、タテに「2」「0」「1」「7」「年」とするのか、「17」「年」と表記するのか、No.1

は「No.」「1」とするのか、最初から「ナンバーワン」にするのかということを考えながら入力していかなければなりません。

→ひとつの資料で向きを統一

ところで、タテ位置の資料にヨコ位置の資料が入ってきたら、受け取った相手は回転させなければ読むことができません。私が受け取って困惑したのは両面印刷のチラシで、片面はヨコ位置、片面はタテ位置のものでした。どちらの面から読み始めても、90度回転させなければ裏面が読めないので親切とは言えません。

やむを得ずタテ位置とヨコ位置の資料を作らなければいけないことはあります。**やってはいけないのは、この違う向きの資料を合わせて一緒にすること**です。タテ位置資料にどうしてもヨコ位置資料を挟みたい場合、その資料をスキャンして画像化するか、データのまま縮小した上で、タテ位置のページにレイアウトするという方法があります。元の資料より小さくなってしまいますが、バラバラの向きで見せるよりは安定し信頼感が上がります。受け取ってありがたい資料に変わるのです。

適切な印刷方向の選択もビジネススキルのひとつ
タテ位置・ヨコ位置の資料を一緒に綴じない

内容によって用紙の使い方は4通りに分けられる

ヨコ位置ヨコ書き

スライド、提案書　等

ヨコ位置タテ書き

年表、式次第、和食メニュー　等

タテ位置ヨコ書き

議題、議事録、報告書、稟議書　等
ビジネス文書一般

タテ位置タテ書き

官報、辞令、届け出、小説、
国語の教科書　等

両面印刷の場合、タテ位置・ヨコ位置を交ぜない

07 When（いつまでに）
資料の鉄則は数秒で見渡せること

Hospitality（気くばり） 相手が読める情報量になっていますか？

→ どれだけコンパクトに伝えられるかが勝負の決め手

　読んで決めてもらえる資料のページ数は**10ページ以下が理想的**です。**パラパラめくって数秒で全体が見渡せるボリューム**だからです。受け取って読む側はボリュームが少なければ少ないほうがありがたい。そこに知りたいことがコンパクトにまとめられたものがうれしい（Hospitality）のです。

　ところが、出す側は、あれも入れたい、これも言いたいと情報を詰め込んでボリュームを増やしてしまいがちです。分厚い資料を作って褒められていたのは過去のこと。今はどれだけコンパクトに短時間で（When）伝えるかが問われる時代です。

　PowerPoint資料の場合、1分あたり0.6〜1ページという数字を出す専門家もいますが、時間とページ数は比例しません。アニメーションという動きのあるページを使う場合は、注目を集めるために、1ページに文字を1行だけ出すような動きを見せてページ数が増

えることもあるからです。

　徹夜して頑張って作った資料だからといって、相手が一字一句読んでくれるという保証はありません。特に相手が多くの資料を読む必要がある場合は、**10秒から15秒、つまりＣＭくらいの時間でちらりと見て、○か×かの判断を下さなければいけない状況もあります**。人によっては業務時間では足りず、通勤や出張の移動時間に目を通すこともあるでしょう。そのとき、数十ページもある重たい資料ではそもそも持ち出してもらえません。

→ 情報をカットする勇気を持つ

　ページ数が少ないほど喜ばれるといっても、ページ数にこだわるあまり１ページに情報を詰め込みすぎては逆効果です。営業成績を説明するのに、売り上げのグラフと利益のグラフを１ページに押し込んであるような場合です。これは２ページに分けるべき内容でしょう。

　"少ないボリュームで伝える"とは、ページ数だけではありません。行数や、グラフ・写真などのビジュアルの点数も絞り込まなければなりません。**情報そのものを取捨選択して伝える**のです。

　絞り込む過程では、思い切ってカットしなければならない情報も出てきます。情報のすべては伝えられな

いのですから「今回はこれだけにとどめる」という勇気を持ちましょう。

→ ベストは1枚資料

　以前、NHKの方に、新番組の提案はディレクターがＡ４用紙１枚の企画書で提出するルールがあると聞いたことがあります。応募する関係者が数十人いて、各自が複数案出すとなると軽く100案以上集まってきます。１人が５ページ物を出すと500ページになるのですから、そのような制限があるのは当然のことでしょう。

　１枚企画書の本もたくさん出ているくらいで、１枚でも伝えたいことは伝えられます。私もライバルが多そうだと予測したときには、**あえて１枚企画書で勝負に挑んでいます。** １枚に情報をまとめるためには、情報の整理、魅力的なタイトル、一目で伝わるビジュアルなど、さまざまな工夫が必要です。そこにたどり着くまでに、提案内容の見直しなどで企画が強く固まっていくこともメリットです。

 時間とページ数は比例しない
ページ数が少ないほど秀逸な資料

1枚企画書（A4）で意思決定者のストレスが減る

08 Whom（誰に）
3割の余白で ポイントを目立たせる

Usability（使いやすさ） 相手が読みやすい余白は確保してありますか？

→余白を決める2つの方法

　相手（Whom）が瞬時にポイントを直感できるような資料を作りましょう。実は、それは余白の取り方にかかっています。資料の中をじっくり探してお目当てのものを見つけてもらうのは親切ではありません。**瞬時にポイントを見つけられるように**、使いやすく（Usability）余白を取っていきます。

　その方法は2つあります。1つ目は用紙の上下左右の四辺で余白を取る方法。上下左右はページレイアウトの「余白」でミリ単位の設定ができます。上と左はホチキスや製本などで綴じる場合の綴じしろが必要になるので、四辺とも同じサイズにするのではなく、下や右より多めに取ります。高級品の広告など7割程度が余白ですが、**ビジネス資料でも最低3割の余白（ホワイトスペース）は取る**ように心がけてください。

　2つ目はページ内の行間やインデント（字下げ）で余白を取る方法です。Wordでは、行間は「間隔」機

能で設定もできますし、「Enter」を押して空白行を挟むことでも1行空けられます。字下げは「インデント」機能で下げる字数の設定ができ、上部のルーラー（目盛り）部分にある▽△のボタンで段落ごとにインデントをかけることもできます。PowerPointのテキストボックス内の改行なら、「Shift」キーを押しながら「Enter」キーを押すことで、改行幅を狭めることができます。

→字間の細かな余白も大切

そのほか、文字の間にスペースを入れる手法もあります。「担当：鈴木美恵子」という場合、「担当：□鈴□木□美□恵□子」（□は全角スペース、□は半角スペース）のように、手動でスペースを挟むことによって文字を目立たせることが可能です。

注意したいのは、スペースが空いていれば何でもいいわけではないという点です。ためしに1行の文を選択して「均等割り付け」という機能を設定してみてください。文字が広がって間延びした印象になってしまいます。段落と段落の間、単語と単語の間など、**意味のある箇所にスペースを空ける**ことがポイントです。

→印刷するなら背景は白にする

WordやExcelで作るビジネス文書に背景（色・柄）

をつける人はあまり見かけません。ところがPowerPointで作るスライド資料は標準で備わっているテンプレートにカラフルな背景デザインを使ったものが多いため、利用する人は多いです。

　スライドで見せる場合には明暗がくっきりしていいのですが、それを印刷して配付する場合の背景（地色）は白を強くお勧めします。

　新聞や教科書をイメージしていただけばわかりますが、印刷物は白地に文字が載っているのが基本です。カラフルな背景があったのでは文字が読めません。

　また背景のあるページを印刷した場合、上下左右の四辺に白い余白が出てしまいます。グラフやイラストなどを配置しても白い四角形で抜けて全体のデザイン・イメージを壊します。

　カラーで作ったものを相手がモノクロコピーした場合、色の強弱が崩れて文字が読めなくなったりもします。

　伝えるべき肝心な情報を背景が邪魔するのでは本末転倒です。選ばれるためには相手が見慣れた、読みやすい無地が一番です。**資料は白の無地ページで作って**いきましょう。

余白は上下左右のスペース、行間、字間で取る
内容を邪魔する背景色やデザインは使わない

余白の取り方にもプロの工夫

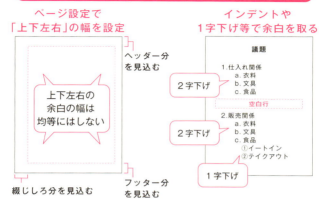

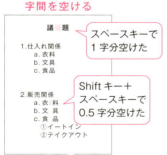

09 How（どのように）

まずは設計図。
編集はそれから

Goal（目標意識） いきなりパソコンに向かおうとしていませんか？

→ 最終形を「見える化」する

　ここまで資料の構成について多くのステップで考えてきました。"さあ、パソコンに向かって作業だ"と早まってはいけません。

　情報を集め、意思決定の決め手となるベネフィット、レイアウトや余白を含めたテンプレート、適切な情報量などを考えてきました。料理で言えば材料が集まった段階です。けれども調理にはレシピや下ごしらえが必要ですね。集まった素材をどういう手順でどのように（How）加工していくか、はじめに下書きを作ります。いわば資料の最終形（Goal）を「見える化」する設計図です。

　まずは、**入れるべき情報、用紙のサイズや向きの仕様など決めたことをリストアップ**していきます。次にそれを各ページに割り振っていきます。元のリストを消し込んでいけば、重要な必須情報が漏れることもあ

りません。4コママンガを描くような枠が並んだ用紙や絵コンテ用紙、ノートも市販されているので、これにページの割り振りを書き込んでいってもいいでしょう。その際、使う図解や表・グラフの種類や大まかなレイアウトなども書いていきます。

ページの割り振りやページ数が確定したら、それにかかる時間も試算できるはずです。5ページの資料と10ページの資料では所要時間に2倍の開きが出ることも勘案しながら作業を進めます。

→設計図にはPowerPointがオススメ

私が構成に活用しているのはPowerPointです。表紙から始まって、提案内容、裏付けデータ、実例など、そのページに何を入れたいか、文字だけを入力していきます。そこに入れるビジュアルが決まっているなら"過去の売り上げグラフを入れる"といったメモも入力します。

しばらく眺めてみて、順序がおかしい、効果的でないと思ったらページの並べ替えも簡単なのがメリットです。PowerPointが発売される前はカードや小さなメモ用紙に書いたものを並べ変えて全体の流れを検討していたので、こういうアナログ方式でも結構です。

→ 作業のスタートは材料をページに振り分けてから

　STEP3以降で準備する文章やビジュアルなどはすべて各ページに入れてから加工していきます。つまり、**「素材準備」を完全に終えてから「加工作業」に移る**という流れです。

　1ページを丁寧に作り込んで、2ページに入れる素材を探すというやり方では、何らかのミスに気づいたりすると締め切りまでに作業が終わらない場合があります。

　途中何らかの事情で誰かとページごとに作業を分担するような場合のためにも素材は最初に揃えておきます。

　このような分担作業や誰かに丸投げしなければならない事態が起こっても、仕様を決めた設計図があれば複数人で担当できます。そのためにも設計図は必要なのです。

　Wordで作る1ページに収まるビジネス文書でも、まずは文字をすべて入力します。そのあとで、文字のサイズや装飾、レイアウトなどを加工していきます。最初に各ページに素材を入れておけば、装飾はなくても最低限の資料は出来上がります。文字を入力する都度加工を繰り返していては手間がかかるばかり。「ス

まずは設計図(ラフ)を作るところから

表紙
・タイトル
・商品写真
・提出者名

金額の根拠
・類似商品の金額調査表
・商品写真
1

商品名の説明
・説明文
・入賞者プロフィール
2

予想購買者層
・属性円グラフ
・分析文
3

必要な素材をすべて準備してから編集を始めるとスムーズ！

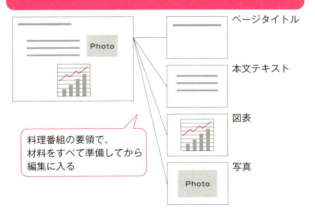

料理番組の要領で、材料をすべて準備してから編集に入る

ページタイトル

本文テキスト

図表

写真

タイル」機能を使えば、サイズ、色、その他の効果を一括で設定できます。

 設計図を書いてから編集に移行する
ページに素材を入れてから加工する

STEP3

資料の「文を書く」!

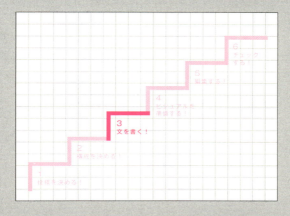

01 What（何を）

犯人を冒頭で明かすと
その後に謎解きをしたくなる

> **Goal（目標意識）** 言いたいことが明確に表示されていますか？

→最後まで読ませるための予告

　結論（What）は冒頭で伝えます。「資料を通す」とは時間がない忙しい方にジャッジしてもらう（Goal）ということです。作って渡した資料が最後まで読んでもらえる保証はどこにもありません。もっとも伝えたいポイントや概要を冒頭で伝え、意思決定に結びつけるのです。それさえ守れば、たとえ相手が読みかけになっても結論だけは伝わります。

　ここで注意したいのは、最初に伝えるのは自分が言いたいことではなく、相手が知りたいと予測される情報であるということです。その上で自分がアピールしたい内容も両方伝えられるものがベストです。

　たとえば、製品の提案で、開発秘話や熱い思いがあったとしても、多忙な相手が知りたいのはプロセスや背景ではありません。判断する立場になって考えてみると、商品概要や商品名や開発予算が知りたいはずです。それを最初に示します。

→ 結から始めて起承転

　作文は「起承転結」で書くように教わりますが、ビジネス資料はそれにはあてはまりません。

　推理小説ならば最後まで犯人は秘密ですが、**資料は最初に「犯人は○○です」と宣言してから、徐々にその謎解きをしていくスタイルです。**

　写真のデジタル化の提案ならば、「アルバムのデジタル化が5,000円で実現」と（結）を見せた後で、そのサービスを始めたきっかけ、コンセプトなどを伝え（起）、サービスの流れや価格の詳細などの事実に触れ（承）、その他の注意事項やオプションメニューも紹介しておく（転）、**「結起承転」の優先順位**で情報を伝えていきます。

　この流れであれば、時間がなくて（起）（承）（転）のどこかが省略されても、（結）だけは確実に伝わります。興味を持った相手なら詳細を尋ねてくるはずです。

　その結論は冒頭に置くことはもちろんですが、**"これが重要ポイントである"と気づかせなければなりません。** そのためにはほかより文字を大きくする、太くする、色を変える、行頭記号をつける、枠で囲むなどの手法で目立たせます。

　本文の中に埋まっていたのでは見つけにくいので、背景のない場所に目立つようにレイアウトします。

→ 冒頭の要約で伝える

　結論は1行のタイトル以外にリードという方法で伝えることもできます。新聞を見ると見出しの後、本文の前に別の扱いで、本文を簡潔に要約した数行の記事がありますが、これがリードです。時間がないときはリードを読むだけで概略がつかめるようにしてあります。**資料にもリードにあたる概略を数行入れます。**概略は箇条書きを利用してもいいでしょう。

　そのほか、スライドのように複数ページに及ぶものはページタイトルがそのページの要約になるよう工夫します。「企画コンセプト」「商品概要」ではなく「キーワードは"時代に逆行"」「お客様のクレームからできた商品」のように、内容が具体的にわかるフレーズにします。

「地盤沈下の本当の理由はナニ？」のように、最初のタイトルを問いかけ形式にし、興味を持たせるスタイルもあります。この場合はナニにあたる回答は必ず示さなければなりません。

　重要メッセージは冒頭で伝えますが、**まとめとしての結論は最後に再度示して意思決定につなげます。**

最初にポイントを明示する
冒頭の1行もしくは要約で伝える

重要ポイントは上にレイアウトが鉄則

2年後、
現システムのサポート終了！

タイトルや見出しは
冒頭（上）に
レイアウトする

説明が複雑・難解な場合には要約をつけよう

このままでは○○市の子どもがいなくなる！

○○市では、1960年の調査開始以来、
中学生までの子ども人口が減少し続けています。
20xx年には子どもが「0」になる予測が出ています。
食い止める施策を出すのは今です。

長い説明文を
コンパクトにした要約で
読み手のストレスを省く

02 **What**（何を）
タイトルで伝えるのは「何がどれだけ」スゴいのか

Simple（シンプル） タイトルだけで内容がわかりますか？

→ 1行で全体が伝わるように

　タイトルが「企画書」「○○提案書」となっている資料をよく見かけますが、これでは内容の見当がつきません。意思決定者に決めてもらうには全体内容（What）を究極に要約（Simple）して伝えるタイトルが重要になります。

　多忙な人は資料のページをめくる時間さえなく、タイトルだけ見て読むかどうかを判断していることもあります。私も意思決定側で大量の資料から選び出すときには無意識のうちにそうしてきました。あなたも書店に行って膨大な書籍の中からタイトルだけで気になった本を手に取っているのではないでしょうか。

　タイトルは1行で全体を伝え、"この先をもっと読んでみたい"と期待させるメッセージです。ラブレターを書くように、その1行はもっとも力を入れて考えてください。

　ペラ1枚の資料でも数十ページに及ぶ資料でも、タ

イトルだけで何が書いてあるか相手にわからせなければなりません。たとえば企画書、報告書というのは資料を種類分けしたときの呼び名にすぎません。「〇〇に関する企画書」「△△についての報告書」の提出が課題だったとしても、それとは別にオリジナルな資料タイトルをつけます。「課題小論文 『２年間で５つの資格にチャレンジ！』」のように、課題表題とともに自分がつけたタイトルを入れるのです。

→ ベネフィットと数字を盛り込む

　相手の心をつかむためには、STEP2の02項「ベネフィット」とSTEP3の06項「数字」を使います。ベネフィットを感じさせる手法として代表的な３つの手法を紹介しましょう。

【コスト感】お得と感じる金額に結び付くような要素を盛り込んだものはダイレクトに相手に響きます。
「年間で電気代が9,000円も削減できる」「地域最安値の安らぎネットカフェ」「出張経費を１割カット」「ペアで来場なら１人無料」　など

【問題解決】悩みや問題が解決される内容なら相手が身を乗り出します。
「早期退職を食い止める秘訣」「訪問しないで売れる住宅営業」「ネズミが家から消える」「１カ月でメタボ体形とサヨナラできる」　など

【限定】限定された物やサービスは意思決定を急速に促します。

「1月だけのお土産つき宿泊プラン」「A社従業員さま限定 ポイント5倍デー」「大阪で買えるのは当店だけ」など

　これらのキーワードに数字が入っていれば最強です。こうして生み出したタイトルに「～のご提案」「～のご案内」などの言葉を添えて、企画書の正式な表題とします。

→ 体言止めで強さを出す

　短く強いタイトルにするなら体言止めが有効です。「～です」「～だ」などの助動詞は使わず文を名詞で終わらせるものです。新聞の見出しはほぼ体言止めで書かれています。文字数が少なく抑えられる上、力強いからです。「今年の開会式は武道館」「貯めて使えるポイント」「売り上げトップは高松支店」のように使います。タイトルと同様に重要なのが見出しですが、タイトル同様、文中の見出し・小見出しも体言止めにします。「接客で回転率を追求」「主婦に人気の抹茶スイーツ」と書いていきます。

POINT タイトルはベネフィットと数字で
体言止めで強いタイトル・見出しに

内容がわかる表紙は強い

新築の半額で実現する！
リノベーション
勉強会のご提案

タイトルで
何の話題かを伝える

イメージ写真も
あればさらに
直感させられる

2017年10月21日
㈱東京リノベリング
カスタマー事業部　伊藤輝美

差出人が明記
されているので
誰からの提案か
もわかる

体言止めでパンチをきかせて

コーチングでぼっち症候群が克服できます。	▶ ぼっち症候群が克服できるコーチング
今なら無料でお試しいただけます。	▶ 今ならお試しサンプルが無料
豪雨によって九州各地の1万人が避難しています。	▶ 九州各地で豪雨1万人超が避難
今、必要な物は何ですか？	▶ 今、必要なものは何？
金沢支店の鈴木さんがテレビに取材されました。	▶ テレビに取材された鈴木さん（金沢支店）

03 What（何を）
お手本は「Yahoo! ニュース」。タイトルは 13 字程度で

Goal（目標意識） 短時間で意思決定できる情報量になっていますか？

→ 絞り込んだ情報だけ伝える

　決定権を持つ人は忙しいのが常です。膨大な情報量の資料を差し出すと、相手はそれだけで拒否反応を起こしてしまうこともあります。頭を使わせる資料ではダメなのです。そのため、すぐ意思決定できるよう（Goal）、情報量つまり文章や文字（What）の量はできるだけコンパクトに絞り込みます。

　少なくするというのは10のものを単純に1に減らすことではありません。これがなくては相手が決められない、逆にこれさえあれば相手の心は動くであろうという基準で、絶対に残すべきものは何かを考えて、ポイントとなる情報を選び出します。

→ 30秒で読める文字量

　日本人が1分間に読める文字は1,000字、20 〜 30秒では300 〜 500字程度です。これは資料が手元にあって「さあ読み始めてください」という場合の文字量で

文字量が多すぎると読んでもらえない

> 本文 約500字
> →情報が多すぎる

PowerPointでロゴ作り

企業にはマークやロゴがあります。皆さんが個人的に作る資料にも入れたいな……と考えたことはありませんか? そういう時、ササッと作ってみませんか。
私も学校でイラストレーターやフォトショップなどのデザイン系ソフトの使い方を習いましたが、使いこなせるほどではありません。
そこで普段はだいたい PowerPoint を使って画像を作っています。
ロゴは○や□などのシンプルな「図形」と「文字」の組み合わせが中心です。
まずは「挿入」タブの「図形」で○を描いて色をつけます。次に、「挿入」の「テキストボックス」で「横書きテキストボックス」を選んで文字を入力します。適宜、改行も入れて色をつけます。この2つを重ね合わせます。
上(表面)に表示したいものは「最前面に移動」で文字が見えるようにします。次に、すべてのパーツを囲むように、マウスで左上から右下にドラッグして選択します。(周囲に囲み線が表示されます)
この状態で右クリックして、「図として保存」を選びます。保存場所はデスクトップなどがいいでしょう。拡張子は使いやすい「.jpg」(ジェイペグ)に変えておいてください。慣れれば3分程度で作れるようになります。(487字)

> 本文 約300字
> →限界の情報量

PowerPointでロゴ作り

企業にはマークやロゴがあります。皆さんが個人的に作る資料にも入れたいな……と考えたことはありませんか? そういう時、ササッと作ってみませんか。
私も学校でイラストレーターやフォトショップなどのデザイン系ソフトの使い方を習いましたが、使いこなせるほどではありません。
そこで普段はだいたい PowerPoint を使って画像を作っています。
ロゴは○や□などのシンプルな「図形」と「文字」の組み合わせが中心です。
まずは「挿入」タブの「図形」で○を描いて色をつけます。次に、「挿入」の「テキストボックス」で「横書きテキストボックス」を選んで文字を入力します。適宜、改行も入れて色をつけます。この2つを重ね合わせます。(296字)

す。特に興味がない資料なら認識できる文字数はもっと少なくなります。パラパラめくり、ちらちら読んで概要がわかる量は手元に来て30秒程度で内容がつかめるもので、1ページ300字程度です。

つぶやきを投稿するSNS、「Twitter」の上限が140字です。**短い時間で目にして理解できるのはツイート2回分**と考えてください。その量を知った上で、文章（テキストデータ）を準備します。

文はまず「何が」＋「どうした」形式で短く書いてみましょう。「新商品名はエックスビーム」「ウォーキングで痩せる」「類似商品より500円安い」といった具合です。これらをあとでビジュアルとともにページにレイアウトしていきます。

→スライドタイトルは16字以下で

ところで、テレビに出る字幕（テロップ）は1画面15〜20字程度とご存じでしょうか。

ニュースの概略を伝えるタイトルテロップは16字以下と決まっています。長年の研究から2〜3秒で認識できる文字数は16文字とわかっているため、それが厳しく守られているのです。

一方、インターネットはというと、重大ニュースを並べた「Yahoo!ニュース」の見出しが13字です。こちらもネットサーフィンする人の目に留まる字数が研究

プロはタイトル・見出しをこう作る！

20社限定5万円のコーヒーマシーン ← **サブタイトル13〜16字**
法人無料モニター利用のご紹介 ← **タイトル13〜16字**

㈱カフェカンパニー

各部の「字数ルール」を
自分で決めて、
常にその字数内で書く

見出し　13〜16字

置くだけでオフィスがカフェに

・社員の好きな時間にセルフカフェ ← **小見出し20字まで**

・今だけ、パウダーもひと月分ご提供

されてこの数字になっています。総合すると、**動的な画面では13〜16字程度の字数に絞り込まなければ文字が認識されない**ということです。

　異なる媒体でも見出しの文字数が15字前後と決まっていることには説得力があります。これ以上の文字を並べても目は意味をとらえることができないのです。紙の資料でもこの文字数を常に意識しましょう。「タイトルは16字以下」「小見出しは12字以下」のように先にルールを決めておけば、不要な単語をとことん省くしかなく、伝わるキーワードに変身します。このルールを厳密に守るのがプロとアマの違いです。

　1文の文字数だけでなく、1段落（ブロック）に入れる文の数も重要です。1段落は5文以下にします。それより多い場合は、改行〜1字下げを入れて空白で段落と段落の境目を見せます。読み手に"ここで話題が変わりますよ"と伝える効果があり、理解が深まります。

　同じ文字数でもブロックに分割し、それぞれに小見出しをつけて空白行を挟めば読みやすさは格段に向上します。

最初は短文を書いていく

タイトル・見出しは13〜16字に絞り込む

04 Whom（誰に）
スイスイ頭に入る文章を書くコツ

Simple（シンプル） 理解しやすい文章で伝えていますか？

→ シンプルな文を書く3つのルール

　私は書類選考や小論文の添削で多くの資料に触れてきました。どれも似たり寄ったりで10通を超えたあたりから目がかすむような感じです。あなたの資料を読んで意思決定する相手（Whom）も同様でしょう。

　一読で認識できるよう、読みやすくスッキリした（Simple）文章を提供しなければなりません。

　資料を通りやすくするために、わかりやすい短文を書くには即効性のある3つの方法があります。

　①2文節で書く、②接続詞を省く、③不要な装飾文を省く、です。

　①は短文の基本ですが、もっともシンプルな文章は「何が」＋「どうした」と2文節で書きます。長い文章は途中で意味を考えながら読み進めなければなりません。日本語は最後にくる言葉が「です」か「ではありません」で意味がまったく逆になってしまいます。短文で構成すれば、誤解を最小限にとどめ、意思決定

にスムーズに誘導できるのです。

　バリエーションとして「どのような」＋「何」、「なぜ」＋「こうする」があります。まずは2文節で文章を書くことから始めてみましょう。

　また中止法といって、本来いくつかの文であるべきものを、いったん中止して次の文につないでいく表現があります。「最初にメールをチェックし、会議を終わらせて、出張に出かける計画だ」のような文のことです。中止法で次々と文をつなげないでください。「最初にメールをチェックする。次に会議を終わらせる。それから出張に出かける計画だ」と切り分けて説明すればスッキリします。

→接続詞が多いとわかりにくい

　次に②の接続詞です。文章を長くわかりにくくする大きな要因は接続詞です。接続詞とは「けれども」「および」「つまり」「また」「かつ」などのことです。レポートや小論文を書く場合に顕著ですが、自分を実力以上に見せようと、接続詞を多用して難解な文章にしてしまうことがあります。接続詞を省くだけで短い文に切り分けることができます。

　新聞を見てください。どこにも接続詞はないはずです。**新聞記事をお手本に接続詞をすべて取り除けば短文で構成された文章に変身**します。

シンプルに2文節で書こう

〈例〉

何が	どうなる
何を	どうしたい
なぜ	こうする
いつまでに	どうする
どんな	何

これに当てはめると……

システムが	採用される
デスクを	整理したい
痩せたいので	お菓子を控える
今年中に	正社員になる
誰からも愛される	先生

「このパソコンの画面は美しいが、起動に時間がかかる」のように、「が」の前と後ろで逆説的なことを言っている場合は特に、相手に文意を考えさせないように2文に分けましょう。

→なくても意味が通じる文は排除

最後に③の不要な装飾文です。なくても意味がわかる文や単語も排除していきます。**具体的には慣用句や修飾句**です。「それもそのはず」「一も二もなく」「のどから手が出るほど」などの慣用句は小説など読み物なら文や単語が強調され、情感も湧いてくるので意味がありますが、資料には不要な装飾です。

一方の修飾句は「美しいバッグを持った女性は田中さんです」という文で、女性を説明している部分のことです。伝えるべき主語＋述語は「**女性は田中さんです**」のはず。"美しい"はバッグを指すのか女性を指すのかわかりません。

ここで考えさせたり、誤解させたりしては相手がジャッジできません。

資料は文とビジュアルで伝えるので、小説のように文字だけですべてを伝える必要はありません。

2文節の短文を書く
接続詞や修飾文を省く

05 When (いつまでに)
箇条書きなら スッキリ理解

Simple（シンプル） 時間のない相手がすぐに判断できるものですか？

→ 1行ずつ見せて理解を促す

　資料を読んで決定を下す立場の方は時間のない中、多くの資料に目を通さなければなりません。難しい、読みにくい、面倒なものは横に置くか後回しにされてしまいます。

　そんな状況ではどれだけ短時間（When）に直感で大づかみ（Simple）させるかに勝負がかかっています。言い換えれば、いかに相手に考えさせないかの工夫です。そんなときに活用していただきたいのが文章の箇条書きです。

　長い文章は理解しながら読み進めなくてはなりません。箇条書きは、①文章が短い、②改行で余白が生まれて文字を認識しやすくなる、というメリットのあるテクニックです。アピールポイントや分類した構成要素を列挙する場合や、規則や手順を紹介する場合に効果的です。

→自分の箇条書きルールを作る

　箇条書きは相手が考えずに直感的に伝えるために使います。短文の頭に記号をつけて並べておしまいではありません。ここから先、プロが必ずやっているテクニックをご紹介します。

　具体的には、①階層ルール、②スタイルの統一、③文字数の統一、④ブロック分け、⑤並列・順序の区別と5つの手法があります。

　まず①の箇条書きの階層運用のルールです。"最上位は行頭記号をⅠ．Ⅱ．Ⅲ．とする、次の階層が2字下げて（1）（2）（3）、その下の階層が1字下げて①②③"のように、どういうルールで入れていくかを決めます。書籍は全体タイトル（書名）の次に、章タイトル、項見出し、小見出しなど階層分けされていますが、それと同じ要領で情報を整理して行頭記号を割り振っていきます。このルールもテンプレートの一部です。自分が作る資料は常にこのルールで作っていきましょう。業界や企業によってこのルールは決まっています。読む相手側のルールを踏まえて使っていくと、相手は見慣れたスタイルで読み進められるので決めやすくなります。

　次に②文章スタイルです。アンケートで「政府の意

プロが教える箇条書きのルール例

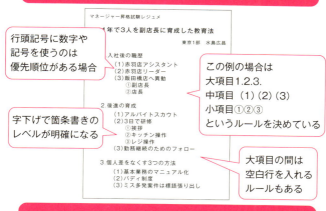

プロは箇条書きをブロックで見せる

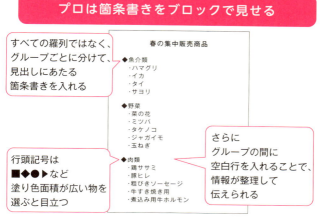

見に賛成である」「首相の意見に賛成ですか」と肯定文と疑問文が混在した形では（はい・いいえ）の選択に誤解が生じる場合があるので、どちらかに統一します。

③**は各項の文字数**です。文字数をほぼ同じにすることで統一感を出すことができます。各項15字程度が並ぶ中、1項だけ次の行にまたがる長文になっているとリズムが崩れ、読み間違いも生じます。1行に収まる範囲で文字数を決めて列挙します。

④**は箇条書きをブロックごとに見せる手法**です。箇条書きは10項以下が理想的ですが、やむを得ず項目がそれより多くなる場合は、いくつかのブロックに分けて紹介します。魚介が4項、野菜が5項、肉類が5項で計14項の箇条書きを見せるなら、◆魚介、◆野菜、◆肉類の間に空白行を入れれば、それぞれを分離したブロックとしてスッキリ認識させることもできます。

最後に、⑤**2種類の箇条書きの使い分け**について。箇条書きには並列のものと順序のあるものがあります。意味を持たない並列の場合は数字やabcなどの順序を意味する記号を使わないよう留意してください。

POINT
箇条書きルールを決めて運用する
数字や記号を使って順序の意味を伝える

06 How much (いくらで)
数字の持つインパクトを120％活かす

Usability (使いやすさ) 正確な表現で伝えていますか？

→ 究極の具体化が数字

相手の心を動かすために（Usability）資料に盛り込む必殺要素は数字（How much）です。

伝える情報が具体的でなければ相手に決めてもらうことはできません。数字は相手に正確かつインパクトをもって伝えるには最適な手段なのです。数字は性別や年齢に関係ない世界の共通言語ですから、**関係者全員が共通の認識を持つ**ことができます。海外の取引先や外国人上司も数字なら直感で説得できるはずです。

→ 資料を通すための数字の使い方

ただし、資料の中にただ数字が登場すればＯＫというものではありません。手持ちデータの中から、説得力があり、インパクトをもって伝えられる数字を見つけ出して、意識的にアピールすることが重要です。

数字には、**①具体的数字、②他との比較、③換算による理解**、と３つの使い方があります。

①の具体的な数字とは、たとえば年齢の「19歳」。「少年」「青年」「10代」といった表現からあいまいさを取り除くことができます。同様に、「ちょっと」を「４個」、「長め」を「２メートル」、「早く」を「７分」のようにあいまいな表現を数字に置き換えれば誰にでも正確に伝わります。

　②は「A社の売り上げ１億円に対して、当社は２億円です」のように、何かと比較することによって理解させる数字です。数字をクローズアップさせたいときには、あえて比較対象の数字も並べて見せます。

　③は「牛肉10kgはステーキ50人分です」「５リットルとは水洗トイレを１回流す量です」のようにイメージしやすい数字に換算するものです。身近な数字ならば、多くの人が自分の問題として考えることができます。

　アピールしたい１商品も、このいずれかの数字を使えばいろいろな見せ方で伝えることができます。

　徳用菓子を紹介するにも、①なら「定価980円」、②なら「従来品に比べて２割増量」、③なら「小パック５袋分」と異なる表現ができます。

→ 「１番」「初めて」はすごい

　相手の心をつかむ数字はなんと言っても１番です。「売り上げナンバーワン」「読者投票１位」など。資料

効果的な数字の使い方の3パターン

① 数字そのもの

定価980円

② 数字で比較

2割増量

③ 換算

小パック5袋分

エリアをせばめて1番を見つけよう！

で示すなら1番の数字を見つけます。数字ではありませんが1番と同じ意味を持つ「初」も有効です。「世界一」「日本初」の数字があればいいのですが、なかなかそうもいきません。

そういうときにはどんどんエリアをせばめて1番を探します。「東北で1位」→「岩手県で1位」→「田野畑村で1位」と考えていきます。

ところが資料に数字を入れるよう指示されても、使える数字がすぐに見つかるわけではありません。「わが社は業界で3位」「1ミリ以下のネジに限定すれば国内シェア2位」「部の昨年の売り上げは2,500万円」「今年の新入社員は13人」のように、<mark>ビジネスを常に数字でとらえる習慣</mark>をつけましょう。自分が数字で把握するようになれば、誰かから示された情報も数字で記憶できる体質に変わります。

こうして<mark>見つけた数字はタイトルや見出しに入れます</mark>。「Facebookを使った集客法」と「2日で350人を集めたFacebook集客法」ではインパクトがまったく違いますね。「25分で腰痛が消える」「コストが3割減る採用システム」のように使っていきましょう。

数字を必ず盛り込む
相手のベネフィットになる数字を示す

STEP4

資料の「ビジュアルを準備する」!

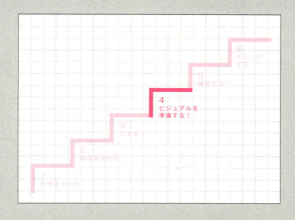

01 What (何を)
人間の心は視覚に大きく左右される

Simple（シンプル） 文章だけで説明していませんか？

→ 正確に直感させて記憶してもらう

相手をスピーディーに意思決定に導くには、情報（What）を「読ませて」「理解させる」のではなく「見せて」「直感させる」（Simple）ことです。そのために活躍するのがビジュアルです。

ビジュアルを使うメリットは3つあります。

1つ目は「**直感性**」です。内容を読まなくても直感できることがスピーディーな意思決定に結びつきます。2つ目は「**正確性**」です。ビジュアルで伝えれば誰の目にも同じものが見えています。そして3つ目が「**記憶性**」です。文章を読んでも瞬時に記憶はできませんが、視覚でとらえたイメージは一瞬で脳裏に焼き付けられるのです。

文字による情報は、受け取っても頭の中でいったん関係性を組み立て直すプロセスが生じます。その作業を取り除くのがビジュアルなのです。皆さんにもっとも身近なビジュアルは標識です。標識なら文字の説明

がなくても「危険」「禁止」「止まれ」などを無意識に感じ取っているはずです。教科書も人体の図解、昔の作曲家の絵、外国の写真などが入っているからこそ、実際に見てきたように理解できるのです。

　携帯電話のメールなら絵文字、LINEのメッセージも文字を入力しなくてもスタンプだけで感情までも伝えています。

　読む、選ぶ側になってみるとよくわかるのですが、文字だけの資料を大量に読むのはとても骨の折れることです。

　そこにビジュアルの入った資料が出現すると、思わず注目してしまいます。ビジュアルはページ内に必ず入れるよう心がけましょう。

→ビジュアルは言葉いらず

　一言でビジュアルと言ってもさまざまなものがあります。図解、表、グラフ、イラスト、写真、ロゴ、地図、アイコン、記号、ピクトグラム（絵文字）……これらは文字ではないのですべてビジュアルの一種です。

　表、グラフ、イラスト、写真については後述します。ビジュアルとしてあまり意識されていないのがロゴ、地図、アイコンなどでしょう。

　たとえば、弊社「イー・プレゼン」のロゴをページのどこかに入れれば、"資料作成・提出者：イー・プ

レゼン"という説明文が省略できます。店舗などの所在地を説明するにも、地図を入れるだけで"最寄り駅はＪＲ山手線上野駅浅草口を出て左折……"といった文章をすべて省くことができるのです。文字数が減るだけでなく、見た相手も場所を図として記憶できます。

→ 冒頭からビジュアルでアッと言わせる

　文字で紙面いっぱいの資料の中にビジュアルの入った資料があるとワクワクして目が追ってしまいます。私がもっとも心に残っているのは、広告制作会社から受け取った遊園地の広告展開の企画書です。表紙にキャラクターのカラフルなイラストがドカーンと入っていました。私だけでなく、審査メンバー一同が「この会社の案がいい！」と即決したそうです。

　このように、インパクトを与え、記憶に残す目的でビジュアルを使うなら冒頭がもっとも効果的です。ページものなら表紙で、1枚ものならトップにレイアウトします。

　アイキャッチとなって相手の目を引き、これから説明する内容をイメージさせる効果があります。

POINT　文章の代わりにビジュアルを積極的に使う
　　　　　冒頭で使うのがもっとも効果的

地図なら説明なしでも伝わる

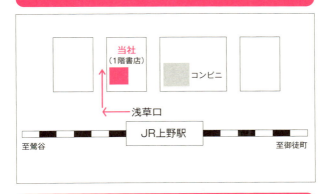

表紙にはビジュアルを入れて直感させる

02 What (何を)
多いと逆効果。
ビジュアルは1ページ1点

Simple（シンプル） ビジュアルの多用で相手を迷わせていませんか？

→ 1ページに1オブジェクトがベスト

　意思決定を引き出すにはとにかくシンプル（Simple）に情報（What）を伝えなくてはなりません。何が大事か探す手間をかけさせるようでは、忙しい上司や取引先が判断に困ってしまいます。シンプルに伝えれば、相手を「考えさせない」「悩ませない」ので「時間を取らせない」ことにつながります。

　あれもこれもと情報を詰め込みすぎると、相手の判断を鈍らせ、逆に何も伝わらず、決定が遠のいてしまいます。

　立場を変えて、読む側・決める側の気持ちを考えてみましょう。多くの情報を差し出されたら迷いが出て、判断に困ります。**「周辺情報はいらないから、要点だけ見せてくれ」**と考えるでしょう。作り手が言いたいことを全部盛り込むから資料が情報過多になってしまうのです。相手が必要としているだろうと予測されるもの1つに絞って見せます。

よくあるのはすべてを盛り込みたいがために、1ページに3〜4点のグラフや表が入っているような資料です。「ビジー（雑然）」な紙面と呼びますが、ごちゃごちゃした印象で相手を不快にさせてしまいます。
　通る資料は1ページ1テーマしか伝えません。テーマが1つなのですからメッセージの異なるビジュアルを1ページに何点も入れることはしません。ビジュアルは1ページに1点（1オブジェクト）がベストです。

→ビジーな紙面は迷いを起こさせる

　具体的な方法は、最初にそのページで意思決定者を誘導したいメッセージを明確にします。次にそのメッセージを伝えるにもっともふさわしいビジュアルを決めます。
　シャンプーとリンスの売り上げと利益の説明で、シャンプーの①売り上げ②利益、リンスの③売り上げ、④利益と4つのグラフが1ページに入っているような紙面。これでは受け取った相手はどこから見ればいいのか迷ってしまいます。
　たとえば、「シャンプーの売り上げは上がっている」と「利益は下がっている」は異なる2つのメッセージです。一度に両方は説明できませんから、ページを分けて1点のグラフのみを入れます。**グラフが4点なら4ページに分けます。**1ページに1点しかビジュアル

ゴチャゴチャした"ビジーな資料"はNG!

相手がどこから読み始めるか予測がつかない構成

分割した資料は決裁につながりやすい

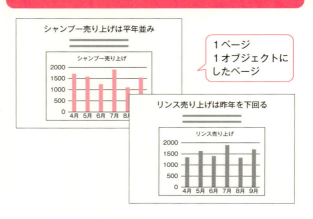

1ページ1オブジェクトにしたページ

2系統のデータを複合グラフで表示

左に売り上げ、右に利益の軸を取った複合グラフ

2系統のグラフを比較する場合

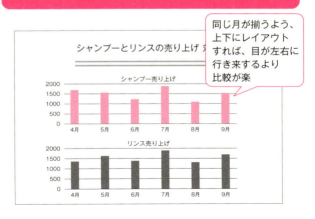

同じ月が揃うよう、上下にレイアウトすれば、目が左右に行き来するより比較が楽

が入っていないことで、相手はそれだけに集中でき、ページごとのメッセージをストレートに受け取ることができるようになります。

多くのビジュアルを詰め込む問題点はもう1つあります。狭い紙面になんとか収めようと文字や数字を小さくしてしまうことです。その結果、虫メガネを使っても読めない資料になることもあります。

→2つを比較したい場合の方法

去年と今年の比較、施術の前と後など2つ以上のメッセージを見せたほうが相手を説得しやすい場合もあります。2点以上入れなければいけないとき、グラフなら1つのグラフにまとめます。売り上げと利益を同時に比較する場合、左右の軸を別の目盛にして、2系列の棒グラフにする、または棒と折れ線の組み合わせグラフにして、1つのグラフで見せることができます。これで2つのグラフ間を視線が行き来するストレスから相手を解放できます。

とにかくビジュアルで相手を迷わせない、ストレスを与えない──これがプロの鉄則です。

POINT
1 ページにビジュアルは1点
2 点以上のメッセージは1つにまとめる

03 How（どのように）
見てほしいものは左上に置く

Hospitality（気くばり） 相手の目を自分の思うように誘導できていますか？

→ レイアウトの基本は「Z型」

　レイアウトの位置や流れには意味があります。

　逆にそれを利用すれば、読んでほしい順序通りに誘導、見てほしい場所に視線を集めるなど、直感で相手の視線や意識をあなたの思い通りに（How）ナビゲートできるのです。文字やビジュアルでも内容は説明できますが、実はそれらを配置する場所だけで多くのメッセージが伝えられます。じっくり読まなくても、"ここからスタートする""ここが重要"と直感させる（Hospitality）レイアウトです。

　人間の目は「左から右」「上から下」に動くという大原則があります。この２つの組み合わせで資料は「Z型」にレイアウトしていきます。

　循環を示す図解も**「時計回り」**という基本があります。図解も時計と同じ回転方向にオブジェクトを配置していけば目が自然に追っていけます。真上の正午の位置から時計回りに循環させます。これを反時計回り

目の動きに合わせてレイアウトする

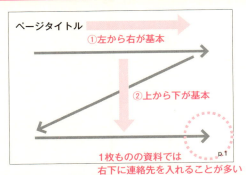

最初に見てほしいものは真上に置く

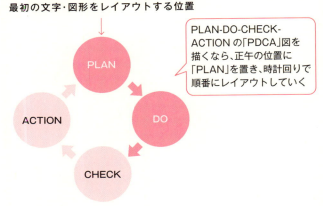

順位は上から表示する

一人暮らしOLが住みたい町ベスト3

第　位　吉祥寺

第　位　代官山

第　位　自由が丘

> この表記を見た人は順位が入っていなくても、上から順に1位が吉祥寺、2位が代官山、3位が自由が丘という共通認識を持つ。それを崩すレイアウトはしない！

オブジェクトは揃えて、整列させる

視察旅行　候補地

中国・上海　　　　　　　　Photo

ベトナム・ハノイ　　　　　Photo

タイ・バンコク　　　　　　Photo

> この例の写真は、
> ・左右の幅が同じにサイズ調整され
> ・文字と上揃え
> ・文字との距離が同じ
> にレイアウトされている

> この例の文字は、
> ・左揃え
> ・3つが等間隔
> にレイアウトされている

> 「配置」機能を使えば正確に揃えたり、等間隔でレイアウトできる

にすると、後戻りとかネガティブなどの印象を与えてしまいます。

→ 見てほしいものを見てもらうために

レイアウトに意味を込めたい場合、人間の習性の原則を考えると、強調したい情報をレイアウトする場所は自ずと決まってきます。

最初に伝えたい重要ポイントは、人が資料を読み始める左上がもっとも効果的です。**見てもらいたい順に左から右、上から下に配置**していきます。循環図解は最初に真上に目が行くので、最初に見てほしいものを真上に置いて、時計回りに順々に並べていくと、"ここから見てください"という説明文を入れることなく直感させられるわけです。

場合によっては中央に置いて注目させる、右下に置いてページの「まとめ」「ポイント」を紹介するような変化球も使えます。**折り込みチラシは四隅と中央に消費者の視線**が集まります。右下の角も重要なポイントを伝える場所の一つです。

野球のスコアボードは上が先攻チーム、下が後攻チームと決まっています。オリンピックのメダル順位が3位の選手から表示されたら1位と勘違いする人が続出するでしょう。このように、レイアウト位置だけで多くの情報が瞬時に伝えられています。逆にすると正

反対の意味になり勘違いされてしまいます。

→細部までルールを持つのがプロのテクニック

　統一感、安定感のためにプロがやっているテクニックをご紹介しましょう。

　紙面にある**複数のオブジェクト（物体）は形状や大きさを揃える**ことで統一感が出ます。また、天地左右、どこかの基準に揃えて配置するだけでも、相手に安心感を与える資料に変わります。オブジェクトを横に並べる際は高さを、縦に並べる際は幅を揃えます。それぞれの間隔が等しいことも重要です。

　これらはすべてソフトの配置機能を使えば正確に調整できます。オブジェクト同士を線で結ぶときにも注意が必要です。線には始点と終点がありますが、これをオブジェクトのどこにつけるのか、どことどこで結ぶのかも自分のルールを決めて運用します。

　文章などは細部まで読んでもらえないこともあります。パッと見た瞬間の見た目で「いい」「悪い」を**直感させるのは、実はこのような細部への気くばりと丁寧な作業**なのです。

POINT　**左→右、上→下の原則を守る**

　　　　もっとも伝えたいものを適切な位置に置く

04 Whom（誰に）
表にメッセージを込めるコツ

Usability（使いやすさ） 戦略的ツールとして表を使っていますか？

→ 情報を整理して比べられるのが表

　もっともシンプルなビジュアルとして表がありますが、あなたはどんな場面で使っていますか。どういう目的のために、どういう効果を狙って使っているのでしょうか。表は文字や数字を線で区切っただけのものではありません。実は**自分の意思で、注目してほしい情報をアピールできる**ツールなのです。

　表は多くの情報を整理して、相手（Whom）にスムーズに理解させ（Usability）、意思決定に導くツールです。伝えたいメッセージがあるとき、自分が主導権を持って表を使えば、決定権者にインパクトを与えて決定の方向に誘導できます。

　表は同一レベルの情報・項目が多い場合には特に威力を発揮します。表組みで見せることで、**①全体像をひと目でつかませる、②情報の比較、③特定の文字や数字を強調**、という戦略的な伝え方ができます。この①②③の特性を利用して、資料の中で表を積極的に使

って、自分が望む方向に導きましょう。

→ 効果的な表を作る4つのプロセス

　具体的には4つのプロセスで作成していきます。①メッセージ・テーマ決定、②情報収集、③情報編集、④作図です。

　最初に①表で伝えたいメッセージを決めます。「売り上げが順調に伸びている」「人口が急激に減少している」のような主張したいポイントのことです。そのために使うのはどのような表か。「商品Aの売上推移」「B市の人口状況」といった、表題にもなるテーマを考えます。

　次に②その表に必要なデータを集めます。そして③の情報の編集です。数字なら昇順（小→大）、降順（大→小）、五十音順などで並べ替える、必要な情報だけを残すなどして、どの情報を残してどのような順で見せるか整理します。

　この後に情報をどのように見せるかを考えます。商品の月別売り上げの一覧表を例にとると、表に入れるのは売れた個数か売上金額か、売上高か利益か、さらには利益率か。見せる期間も1月〜12月（年）なのか、4月〜翌3月（年度）か、四半期か。戦略的にこれらを決めていきます。

　商品の販売一覧の場合、単価、個数、（掛け算した）

売上金額を見せるのが一般的かもしれません。仮に個数は伸び悩んでいるが売り上げが伸びている場合は、単価と個数は見せずに合計額だけ見せるという手法を取ることができるのです。

　最後に④作図です。罫線や色の有無を含め、もっとも伝えたいメッセージが強調されるようにデザインしていきます。

　このように、**データの見せ方次第でまったく異なるストーリー展開に誘導でき、相手が決めやすいように促すことができるのが表のマジック**です。あくまでも元の情報は同じですから、だますわけではありません。見せ方・演出の一手法なので工夫のしがいもあります。

→ 罫線の扱いで見え方がまったく変わる

　項目（見出し）行は、見出しであることがわかるように、ほかの領域とは異なる**塗り色、文字のフォント・文字色・太さなどの装飾をつけて目立たせます。**そして表の見え方を左右する重要ポイントが罫線の扱いです。境界を消す、太さや線種を変えるほか、行や列に色をつけるなどの手法で強調したい箇所を目立たせます。

POINT　情報からメッセージを見つける
　　　　　罫線と色で強調する

表で自分の意思をアピールする

全商品の1割以上が不良品

	1,000個あたり	%
クッキー	35	3.5
フィナンシェ	102	10.2
マドレーヌ	175	17.5
シフォンケーキ	32	3.2
パウンドケーキ	**260**	**26.0**
リーフパイ	45	4.5
ロールケーキ	78	7.8
プリン	135	13.5
シュークリーム	95	9.5
計9,000個あたり	957	**10.6**

▼
パウンドケーキの製造工程見直しが必要

> 1割以上の商品のセルに色をかけ、特に問題のある商品は文字色とサイズを変えて強調している

罫線を消す・情報を整理するテクニック

年	月	できごと
1995	5	斉藤健太、東京都足立区にて創業
1997	4	株式会社に法人化
1999	7	台東区上野に本社移転
2002	4	新卒採用スタート
2006	10	A3ショー初出展
2010	9	港区六本木に本社移転

> セル内の中央揃えで見出しが目立つように文字がセンタリングされている

> セル内の右揃えで数字の桁数が揃う

> セル内の左揃えで本文の先頭が揃う

> 線を入れないことで表をスッキリ見せられる

05 Whom（誰に）
効果倍増！カンタン！グラフ加工術

Usability（使いやすさ） 伝えたいメッセージはスムーズに伝わっていますか？

→ 場面によってグラフを使い分ける

　情報が瞬時に直感でき（Usability）、相手（Whom）が意思決定しやすいビジュアルの代表格がグラフです。事実の列挙ではなく、自分が伝えたいポイントに焦点をあて視覚で強調できるのがグラフのメリットです。ただし、数字データがあるものしかグラフには加工できないという大原則があります。

　［主なグラフの特徴］
　　円グラフ→全体の中の割合を見せる
　　棒グラフ→各項目の値・量を見せる
　　折れ線グラフ→時系列の変化を見せる
　　帯グラフ→異なる項目の内部比率を比較する

→ 説得に使えるメッセージを見つける

　ところが、グラフを入れさえすればどんな情報でもスピーディーに伝わって、意思決定者の心を動かすわ

割合は円グラフで!

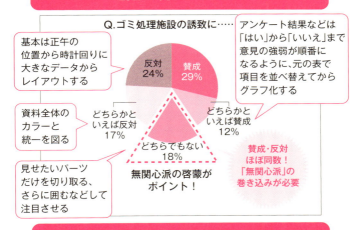

項目が多い場合は棒グラフで!

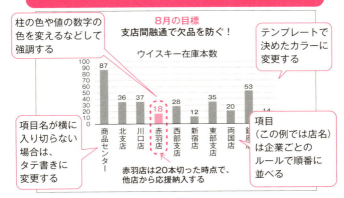

けではありません。グラフもSTEP4の04項の表と同じ流れで、①メッセージ・テーマ決定、②情報収集、③情報編集、④作図の順で作っていきます。

<mark>グラフはデータをどういう並びで見せるかによって見え方が変わってきます。</mark>棒グラフなら大きいデータ順か小さいデータ順で並べることもあるでしょうし、時系列のこともあります。

ここではプロの見せ方についていくつかご紹介します。その一つが規則的な順番ではなく、強調したいものを中央に置くという手法です。世界主要国のデータを棒グラフにした場合、注目してもらいたいのが日本であれば、数値に関係なく日本のグラフを中央の目立つ場所に置きます。

円グラフの場合、割合の大きな項目から並べていくルールがあります。アンケート結果の紹介では、大きいデータ順に並べると項目が混在します。混乱を起こさせないよう「賛成」～「反対」までを時計回りに配置します。アピールしたい項目はケーキの1ピースのように切り出す、色を変えるなどすれば強調できます。

数値順に並べた棒グラフでも、目立たせたい項目が4番目ならば、その棒だけ色を変える、ラベル（数値データ）の文字の色やサイズを変えることで、そこだけ強調できます。

見せたい部分、使える部分を自分の思い通りに見せられるのがグラフで伝えるメリットです。

→ アピールポイントを強調するコツ

　Excelならクリック1つでグラフは完成しますが、ここからさまざまな演出を加えていきます。

　棒グラフ、円グラフなど面積を持つグラフでは、塗り色が大きな意味を持ちます。出来上がったグラフの色はテーマにそったカラーに変更します。目立たせたい項目は、それだけ色を変えたり、○や□で囲むことで強調できます。さらに文字やラベル（数字）、色、サイズ、向きを変更してポイントだけ強調します。グラフのそばに吹き出しでメッセージを入れる、欄外に要約コメントを入れるなどしてポイントをアピールします。

　資料を見る相手は正確な数字が知りたいわけではなく、ポイントや傾向が知りたいのです。Excelでできたグラフを見ながらデフォルメ（誇張）した絵グラフを描き直せば、直感でわかるようになります。

 メッセージに適したデータとグラフを選ぶ
注目してほしいデータを強調する

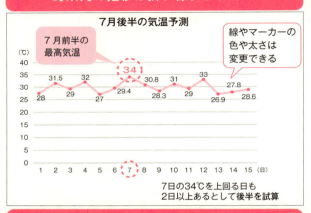

06 **Whom**（誰に）
ビジュアルの演出で
イメージを共有する

Goal（目標意識） 具体的イメージをどれだけ提供していますか？

→イラストや写真はリアルに伝わる

　読む文字情報、聞く言語情報よりはるかに大きなインパクトを持って相手（Whom）に伝わるのが視覚情報です。中でも**伝えたい実像にもっとも近いのがイラストや写真**です。意思決定（Goal）を引き出すため、これらを上手に使っていきましょう。

　イラストや写真は伝えたいことがストレートに伝わるビジュアルです。スマートフォンを一度も見たことがない人向けの提案資料を作る場合、本体の写真や画面画像、人が利用中の写真などを見せれば、一瞬でどんな形状のものか直感してもらえます。人が手に持っていることでサイズもイメージできるでしょう。「百聞は一見に如かず」と言いますが、実物に限りなく近いビジュアルを見せれば、説明は不要になります。資料を見た人は自分が使うイメージが持て、その提案の実現性を高めることにつながるのです。

→実物でないからこそ演出できる

　イラストはいくつかの目的を持っています。

　まずは相手の見たことがない、存在しないものを「こんな形のものです」と見せてイメージさせることです。見たことがないものでもイラストを見せれば、相手も8割がた理解できます。

　次に、文章に代わる記号として見せること。キリンを500字で説明するより、イラストを見せたほうがはるかに伝わります。また、イラストをあしらって「夏」「楽しい」「ビジネス」などの雰囲気を伝える飾りなどにも使われます。

　これらのビジュアルは実物でない分、**逆に資料上での演出が可能**です。開発中の製品、竣工前の建築物などもイラストや写真なら加工して見せられます。実物の拡大・縮小は無理ですが、ビジュアルデータの場合、拡大・縮小はもちろんのこと、画像加工ソフトによって、色の変更、変形、トリミングで見せたくない部分を隠す、一部をデフォルメで強調するなどの処理が自由自在です。

　さらに、斜めに傾ける、回転させるなどすれば見え方はまったく変わります。

ビジュアルがあれば説明不要

ビジュアルが入ることで、「クリスマス」「マラソン」の話題であることが直感させられる

使ったイラスト、写真は分類・ストックしておく

一度探したイラストや写真はフォルダに分けて保管しておくと、次回の作業時間を短縮できる

→ テーマを決めてストックしていく

　ネット上で検索したもの、素材集として売られている既製品のイラストや写真は非常に便利ですが、それだけに頼っていたのでは限界があります。"視察で見つけた問題は機械のこの箇所です""渋谷にこんなユニークな店がありました"……など、あなたの資料の説明に必要なこれらの写真はネット上にはないのです。自分で調達するしかありません。

　そこで、あなたが撮影する写真の登場です。プロの撮影でなくても、デジカメやスマホの撮影でも十分です。今は必要なくても、資料に使えそうな写真を日頃から撮りためていきましょう。**自分が着目して撮った写真ならどんな説明より正しく伝わり、相手の心を動かせる**はずです。さらに、自分が撮影した写真なら著作権フリーのため、自由に使えるのも魅力です。

　イラストも同様で、一度ネット上で検索〜ダウンロードしたクリップアートは「人間」「IT」「食品」などのジャンル別にフォルダ分けしてストックしていきます。似通った資料を作るときは、最初からイラストを探す時間が短縮できます。

 **実物以上の強調で決定に導く
素材はテーマごとにストックしていく**

STEP5

資料を「編集する」!

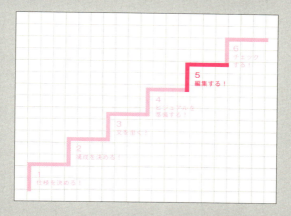

01 What (何を)
相手の心が動く色使いのルール

Goal（目標意識） 色使いのルールは決めていますか？

→色にメッセージを込めて伝える

　そもそも、あなたは資料に白黒以外使ってはいけないと思い込んではいませんか。資料提出の条件を確認してください。「カラーは使用禁止」と明言していなければ色を使っていいのです。

　私たちは色から実に多くの情報を得ています。大差ない資料の山から１点を選ぶとき、目立つ色、印象的な色など、色が大きな決め手となって選ばれることもあります。

　色に意味を込めて戦略的に使えば、相手に内容（What）を直感（Goal）させることができ、長い説明が不要になります。ライバルが白黒のみの資料を作っていたら、あなたは効果的に色を使い直感で相手を動かすことで、優位に立つことができます。

→目的ごとに色を選び出す

　プロは色で相手を直感させる手法を積極的に使って

います。資料で使う基本色の決め方ですが、①"決裁に直接誘導する"ための「相手のテーマカラー」、②"決定をサポートする"ための「提案内容を連想させる色」、③"長期的に好感を持ってもらう"ための「自分のテーマカラー」のいずれかで考えます。

　①の相手のテーマカラーの使用は相手を心地よくさせる基本です。多くの企業にはコーポレートカラーがあり、2～3色のことがほとんどです。相手はその色に目が慣れており、愛社精神もお持ちのはずです。慣れ親しんだ色は受け入れやすいのです。

　小売業界の幹部に聞いた話です。その企業は業界3位だそうですが、あるメーカーから提案された資料がライバルである1位企業の色づかいで作られたものだったとか。使い回しだと直感したそうです。「せめて色だけでもわが社に合わせてくれ」と営業マンを追い返したと聞きました。

　この例のように、ライバルのテーマカラーを使うことで相手を不快にさせることもあるのです。相手に喜ばれるも激怒させるも色の選び方にかかっています。

　次の②は相手に特定の色がないという場合に、提案内容がイメージできる色を前面に打ち出していく手法です。子育て関連ならピンク、提案する商品のパッケージが黄なら黄を使うことで、色だけで内容を直感させられます。

最後の③は自分が決めたテーマカラーをベースに作っていく方法です。使い続けることで相手も、誰から提出されたものか気づくようになります。あなたの資料が選ばれやすくなるのです。

→ 使用色を3色に決める

　効果があるからといっても色の多用は禁物です。使いすぎることによってメッセージが増えて、相手を混乱させてしまい、さらには安っぽいイメージにもなります。**惑わせず、スッキリと高級感を出すには使う色数を絞ります。**具体的には色数を3色以下に決めて使っていきます。

　周囲を見回すと、コンビニや飲食店、銀行などのマークや看板の多くは3色までで表現されているはずです。世界各国の国旗も3色のものが主流。決めた色以外は使用禁止というルールを守るのがプロなのです。

　資料は用紙の地色（背景色）の白と、文字の黒がありますから3色に決めても実際には5色見せていることになります。3色だけでは単調に感じるかもしれませんが、青を選んだ場合、少し濃い青、少し薄い青などで表現を広げます。

　意味を込めて色を使う
　使用色を限定する

色はアイキャッチになる！

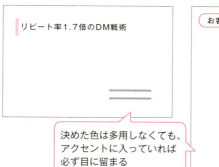

濃淡をつければ表現が広がる！

同系統で少し薄い色　　基本色　　同系統で少し濃い色

02 Whom（誰に）
フォント選びで印象を操る

Goal〈目標意識〉 フォントの個性を意識していますか？

→フォントで全体のトーンが決まる

　多くの方はFacebookやTwitterなどのSNSの利用経験をお持ちだと思いますが、これらは文字入力でフォントを選べません。書くときにフォントを意識していないのです。それに慣れて、考えずにフォントを使って資料を作っていくのはもったいないことです。**意識的にフォントを選べば、相手の意識を変えることができます。**

　資料全体のイメージやトーンを一瞬で相手に伝達する演出の一つに、フォント選びがあります。フォントは**①文章全体のイメージを決める、②強弱をつける、③統一感**の3つの役割を持っています。

　相手が読み込んで文字の意味を理解する以前に、フォントでかなりのニュアンスを伝えることができます。ページを開いた瞬間から、丸っぽいフォントで"なんだか楽しそうな話題"、太く角ばったフォントで"重要！"、細い和風フォントで"繊細なもの"と直感させ

ることができたら、意思決定者（Whom）への誘導（Goal）がスムーズになります。

　代表的なフォントに線幅が均一な**ゴシック体**と太さの異なる**明朝体**があります。ゴシック体は力強くガンガン押し進める印象があり、明朝体はやわらかく落ち着いた印象を与えることができます。喪中はがきをパワーのあるゴシック体で印字したら相手はどんな印象を受けるでしょうか。官庁の資料が女子高生の使うような丸ゴシックで綴られていたら信用も下がってしまいそうです。

　伝えるメッセージが決まったら、それにふさわしいフォントを選ぶことが資料の採否に大きく影響します。

→ フォントで意識を切り替える

　膨大な資料を受け取った人が最後まで一字一句読み通すのは至難の業です。そんなとき、文に強弱、メリハリをつけて読みやすく誘導するのがフォントの役割の一つです。**強いフォントの箇所は"ここが大事ですよ"と伝え、相手の目をいったん留め、意識を切り替える効果**があります。

　ところが、全体が同じフォントで平板な資料を見かけることがあります。タイトルや見出しは拾い読みすれば全貌がわかるように本文を要約して強調するものですから、線の太いゴシック体が適しています。逆に

本文は長く文字量も多いので線が細い明朝体が適しています。まれに、"見出しが明朝、本文がゴシック"と逆になっている資料もあるので注意しましょう。

→ プロのフォント選び

そこで、プロは資料で意思決定者の心をつかむために、いくつかの狙いを持ってフォントを選んでいきます。

多くのフォントが混在したものはごちゃごちゃした印象になり、相手にストレスを与えてしまいます。それを避けるため、まずは3種類程度に限定します。特に目立たせたい箇所に強いフォント、意味を持たせたい部分に特殊なフォントを使って、種類が増えることは仕方ありませんが、**紙面のほとんどは最初に決めた基本フォントで構成**していきます。

次に心配なのは、データを外部で使う場合の文字化けなど、表示の不具合です。職場で作ったものなら、他部署や自宅など別のパソコンで表示確認を繰り返して、形の崩れないフォントを探し出してください。**おすすめは「MSP明朝」と「MSPゴシック」の2種類**です。

フォントで資料のトーンを伝える
見出しは本文より強いフォントに

フォントで印象がガラリと変わる

主なフォント

●**ゴシック体**
(太く強い見出しなどに)

●明朝体
(細くメリハリがある本文に)

●ポップ体
(楽しくゆかいな雰囲気の資料に)

●教科書体
(漢字各部の特徴を出せる 縦書き向き)

●行書体
(日本情緒を醸し出す 縦書き向き)

> Windowsには
> 必ずある
> 日本語フォント

●ゴシック体
MS Pゴシック
MS ゴシック

●明朝体
MS P明朝
MS 明朝

> 文章全体が
> 引き締まった
> 印象になるため
> 「P」のついた
> ・MS Pゴシック
> ・MS P明朝
> が推奨フォント

フォントは3種類で収めよう

①タイトルや
ページタイトルにする
力強いフォント
(例:HGPゴシックE)

②小見出しに使う、
本文より強いフォント
(例:MS Pゴシック)

③本文に使う、
小見出しより弱く
読みやすいフォント
(例:MS P明朝)

新・人事査定の導入に関する最終報告

(1)本社

(2)国内支店

(3)海外支店

> それ以上の使い分けが
> 生じた際に
> 別のフォントも使う

03 Whom（誰に）
文字サイズでメリハリとリズムを作る

Goal（目標意識） 文字の大きさは何を基準に決めていますか？

→ 読みやすさは文字サイズ次第

　フォントのほかにプロは文字のサイズを戦略的に使い分けています。具体的には、読み手（Whom）の意識を変え、自分のペースに引き込む（Goal）ために、**サイズの大小で平板な資料に緩急をつけていきます。**

　"なんとなく""無意識に"使っていたのでは、相手の心を動かすには至りません。

　強調したい箇所を大きな文字で表現するのが基本ですが、だからと言って、大きな文字だけを並べたのでは、どこが重要かわからなくなってしまいます。あくまでも要所で使うことで、その効果が最大限に発揮されます。逆に目立たせたくない箇所に小さな文字を使うという方法も取ることができます。

→ 文字サイズでリズムを作る

　新聞の１面トップの見出しは特段大きな文字が使われています。重大事件になるほど文字が大きくなるの

で、サイズだけで大ニュースだと感じ取ることができます。資料でも、ストレスなく最後まで読ませるには、サイズの大小によるメリハリが不可欠なのです。

　大きな文字はこのように見出しに用いるのがメインですが、別の使い方もできます。**普通サイズの本文の途中に大きな文字が出てきたら思わず目を留める**ことでしょう。もしかするとページをバンバンめくっていても、前のページに後戻りすることもあるかもしれません。

　このように注目してもらいたい箇所や、話題を大きく転換させたい場合に大きな文字を使えばインパクトは絶大です。文単位で大きくすることもあれば、文中の一部分だけ大きくして見せることも可能です。

　小さい文字を選ぶのはどういう場合かというと、脚注や出典などの付帯情報などです。これらは、気になる人だけ目を留めてもらえばいいので、極小サイズを使います。

→サイズで配慮すべきポイント

　では、サイズの種類はどれくらいが適切なのでしょうか。

　多くのサイズが混在したものはごちゃごちゃした印象な上、メリハリもつきません。内容がいくらよくても読み進むことが困難になってしまいます。

そこで**自分が資料で使う文字として基本の３サイズを決めます。**それより大きい文字、小さい文字は必要に応じて、ここぞという場面で使うようにしましょう。

　また、決定権を持つのは高齢の方が多く、老眼の方も少なくありません。その方々が読める文字サイズで届けることも相手への気くばりの一つです。

　サイズの単位「ポイント」は「pt」と略して表記しますが、報告書、議事録など一般的なビジネス文書の本文は10.5ptが標準です。

　ところが、高齢者のために大活字構成で好評を博している書籍シリーズは本文が18ptでつづられています。**世代ごとに支持されるサイズを知った上でサイズを選ぶことも重要**です。

　全編を大きな文字にすると間延びした印象になってしまいますが、見出しだけでも大きな文字を使えば拾い読みが可能になるため喜ばれ、選ばれやすくなります。

 文字の大小で強弱を伝える
世代別の適切サイズを使う

サイズも基本の3種類でOK

相手の心に刺さる会話をしよう

デートのお誘いにこんな返事
いろんな人に「今度、食事に行きましょう」とデートのメールを出す。
約束が決まる。
すると、多くの人は「○月△日、楽しみにしています」
という返事で締めくくるそうだ。
気を使う相手の場合、ほとんどそういうふうに書くだろう。

そんな中でも、印象に残るのは

「楽しみだね」

「楽しみにしています」より「楽しみだね」の方が
"二人ともにとっての楽しみ"というニュアンスが伝わって
親密感が増す。

> 例文のフォントは
> すべて「MS Pゴシック」

> 文中で注意を
> 引きたい部分に
> 例外的に別サイズを
> 使ってある
> （例：14pt）

あなたに迫る三大成人病

1. がん

2. 心臓病

3. 脳血管障害

> 例文のフォントは
> すべて
> 「MS Pゴシック」

> ①タイトルや
> ページタイトル
> にするサイズ
> （例：20pt）

> ②小見出しに使う、
> 本文より大きい
> サイズ
> （例：16pt）

> ③本文に使う、
> 小見出しより
> 小さいサイズ
> （例：10.5pt）

> 必要に応じて
> 例外的に「基本より大」
> 「基本より小」サイズを使う

04 Whom (誰に)
ヘッダー・フッターで迷子にさせない

Hospitality（気くばり） 読み手にストレスを与えていませんか？

→ ページ番号は相手にとっての気くばり

　プロが作る資料は紙面全体をフルに活用しています。全体が有効に使えているかどうかが通る資料の最後の決め手になると言っても過言ではありません。**①相手の頭を使わせず、②ストレスを与えずに、③テーマは何かを気づかせる**ため、綴じしろなどの余白を含めた紙面を戦略的に使っていきます。

　全体を使うといっても、1ページにぎゅうぎゅう詰めにすることとは違います。相手（Whom）が使いやすいように紙面の四隅までに気くばり（Hospitality）することです。たとえば、ヘッダーやフッターに何を入れるか。**このスポットで使うスパイスだけで相手の心が動き、決定を後押しします。**

→ ヘッダーで伝え続ける

　上部のヘッダーは活用しがいのあるゾーンです。まずは最初に目が留まる左上か中央にページタイトルを

入れます。ヘッダーと本文エリアの境界となる図形や線をレイアウトしてもいいでしょう。そこにテーマカラーを使えばアイキャッチにもなります。

　それでもまだ右上は空いています。ここにはアイキャッチとしてのロゴやキャラクターイラストを入れることができます。「イー・プレゼン」というロゴが入っているだけで作成・提出者がイー・プレゼンだと全ページでアピールできます。

　また、**ヘッダーの右上ゾーンは資料全体のメッセージの表示にも活用**できます。「整体でがんが治る」など、その資料でもっとも訴えたいポイント、「創業120周年」などのキャンペーンフレーズ、「自転車ならショップ銀座」のような社名・店名やプロジェクト名を入れることもあります。**こうすることでどのページをめくっても、ずっとこのメッセージをアピールし続けることができるのです。**

→ フッターこそ活用できるゾーン

　一方のフッターですが、まずはページ番号を入れましょう。何ページも続く資料を最後までガイドするのがページ番号です。書籍や教科書には必ず入っているものなのに、資料を作ると抜け落ちるのです。ページ番号が抜けていると、相手は"今、どこの説明？"と迷子になることもありますし、"あとどれくらい？"とい

うストレスをかけてしまいます。そうした==ストレスを取り除いてあげることが気くばりで、資料の好感度を上げます。==

　対面プレゼンで資料を見ながら説明するとき、「9ページをご覧ください」という場面でも、ページ番号が入っていれば全員が先のページを開くことができます。入っていないと「あと何ページかめくって、円グラフがあるページです」といった抽象的な指示しかできません。ページ数が多い場合は通し番号も表示して「2／16」（全部で16ページあるうち、これは2ページ目）と表示すればより親切です。

　フッターにはほかに社名、氏名も入れられます。提出者名は表紙や最終ページで詳しく入れているかもしれませんが、どのページにも表示されていることによって、全編でアピールできます。フッターには著作権を示すコピーライト表記を入れることも多いです。表記には作成者の名も含めるルールがあります。これをフッターに入れるのは、著作権と提出者名を両方主張できるという理由からです。

 ヘッダーで情報を見せ続ける
ページ番号で全体をガイドする

ヘッダー活用法で見せ続ける

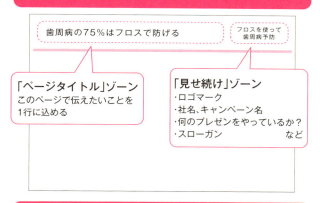

フッター活用で好感度がグンとアップする

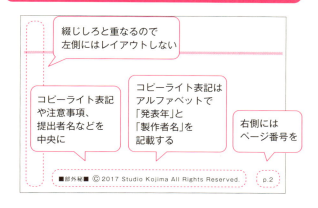

STEP6

資料を「チェックする」!

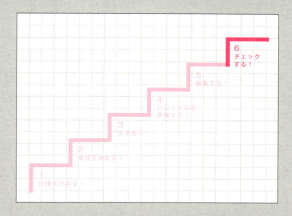

01 What（何を）
締め切りと連絡先がないと相手は行動に移さない

Goal（目標意識） 相手が行動できる仕組みが盛り込まれていますか？

→ 資料の出口を明確にする

　内容は素晴らしいのに決定されない資料、それは出口のないものです。多忙な上司や取引先はその資料に目を通した後、"自分はいったい何（What）を判断すればいいのか"、つまり出口（Goal）までは考えてくれません。通すためには、途中で相手が迷わぬようレールを敷き、自分が意図した終着駅まで誘導しなければなりません。意思決定者が知らず知らずのうちにゴールまで連れて行かれ、ＯＫを出してしまうように、そこまでの道筋を見せるのです。

　具体的には①相手に「いつまでに」「何をしてほしい」、②「返事をする相手は誰か」の2つを資料に必ず盛り込みます。

→ 期限を決めて行動を促す

　人の決心や行動を促すには「期限」と「やるべきこと」を具体的に示すことが重要です。あなたのゴール

が「来週の金曜の営業時間内に資料の内容が決裁され、書類に承認印をもらう」だとします。来週、金曜、営業時間といった抽象的な表現ではなく、"９月29日（金）の18時まで"という具体的日時を入れて、"出張命令書に〇〇部長の印鑑が必要です"と、返してほしい資料の種類まで明記します。そこまでしなければ相手は行動に移してはくれません。

　商品を売る提案も"この割引価格は８月31日までですので、ぜひそれまでにお申し込みください"のように明記しておけば、相手はＯＫでもＮＧでもそれまでに決めようという心理が働きます。最終ページの手前にはこの締め切り期限を入れましょう。

　その際、「不明な点は何でもお問い合わせください」「ぜひご期待ください」などの言葉も添えます。この一言が期待感を持たせて、決定を後押しします。

→ 必ず連絡がつく情報を仕込む

　次いで、絶対に忘れてはならないのが「提出者」と「連絡先」です。どんなに素晴らしい内容で相手の心を動かしても、これが入っていないと決定の返事が来ることはありません。

　連絡先は複数ページある資料では表紙に簡単なものを、詳細は最終ページに入れます。社外に出す資料であれば、社名、部署名、氏名、住所、電話番号、

FAX番号、携帯電話番号、メールアドレス、WebサイトのURLなど、社内なら部署や内線番号などです。**自分に確実に連絡が来るよう、すべてを記載**します。

　ここで意思決定者はどんな方かを思い浮かべてください。パソコンが使える方ならメールでの連絡が一般的でしょう。その場合は社名、氏名、「メールアドレス」の順に配置します。パソコンやスマートフォンを使わない年配の方は電話が連絡しやすいと考えれば、社名、氏名の次に「電話番号」を紹介します。

　これらの主要連絡先を大きく目立つフォントで見せ、続く残りの情報は小さめに入れることで、相手が連絡しやすい状況を作ります。

　紙の資料はそれで連絡先が伝えられますが、大会場のスクリーンにスライドを投影するような場合もあります。「ご清聴ありがとうございました」という挨拶を出していても決定には直結しません。

　すべてを説明し終えても映っているのは最終スライドです。ここに行動につなげるための、社名や氏名などの連絡先を出して見せ続けましょう。

期限を設けて決定を促す
相手が行動できる連絡先を入れる

相手にしてもらいたいことを明記しよう

舞台挨拶　取材希望の方は
10月23日(月)17時までに
FAXにて**返信**くださるようお願いします。
媒体名　：
代表者名　：　　　　　　人数　：
連絡先(携帯)：

FAX(03)1234-5678

・「いつまでに」
・「何をしてもらいたい」
か、明記する

相手が行動してくれるように連絡先は大きく

お問い合わせ、お申込みは……

㈱コンテンツビレッジ

営業2部　後藤　敏郎(としお)
t-goto@c-v.com
tel (03)1234-5678　内線8318
携帯 (090)5678-4321
〒111-1111
東京都千代田区有楽町1-1-1
URL　http://c-v.com

| 東京　ジャンク | 検索 |

連絡が
つきやすいものを
優先的に記載する

02 What (何を)
誤字・脱字、事実関係のチェックのポイント

Goal（目標意識） 信頼される内容になっていますか？

→ 正しい内容でなければ決定に至らない

　資料を通す（Goal）ためには、信頼に足る内容（What）であることが大前提です。決裁して印鑑を押した時点で自分にも責任が生じるわけですから、意思決定者は少しでも不安な点がある資料は通過させたくないと考えています。だからといって、相手が不明点を調べたり、裏付けとなるデータを探し出したりしてくれることはありません。

　わかりやすく見栄えのよい資料を作ることも重要ですが、それは<mark>そこに掲載されている内容が正しい情報で、信用できるものであってこそ</mark>のものです。間違った内容が1つでも入っていると資料全体が疑われることになります。誤字や変換ミスがあるだけでも資料の信用度は下がりますが、内容の間違い、特に故意に捏造した情報などが発覚すると、個人も組織も一瞬にして信用を失ってしまいます。

→ あいまいさを残さない

　資料の信頼性を高めるならば、作って終わりとはいきません。完成後に、①誤字・脱字の校正、②事実関係の校閲、③出典の明示をチェックしていきます。新聞や印刷物などの公的な文書、資料には必ずこれらのチェックが入ります。これが一般企業にはないプロの仕事でしょう。皆さんもこれらのチェックを必ず行ってください。

　①の校正はよくご存じでしょうが、耳慣れないのが②の校閲だと思います。事実関係の正誤、資料全体の整合性を確認します。基本は"それは本当か"とすべてを疑ってみることです。

　たとえば資料を受け取った相手が、文中に気軽に書かれた「〜と言われています」「〜と評判です」という表現を目にすると、どこの誰がそう言っているのか、どこの組織で何年に調べられた結果なのかと心配になることもあります。その不安を取り除くのが③の出典の明示です。公的機関のデータ、自主調査の結果など、いつ、どこが発表したデータかを記載してください。

→ プロのチェックプロセス

　では、プロはどのように確認しているかというと、①パソコン校正、②紙で確認、③他者の目という方法

でチェックしています。

①はパソコンで自動的に出る警告です。Word、Excel、PowerPointにはそれぞれ校正・スペルチェックという便利な機能がついています。色で下線が出る箇所は何らかのミスがあるという警告なので前後を読んで特定の上、修正します。

②次にパソコンで作った資料は必ず印刷して校正します。画面上ではわかりにくい細かなミスに気づけるほか、修正点の書き込みができるのがメリットです。

③自分でチェックした後は、他者の目でも校正してもらいます。誤字・脱字はもちろんのこと、外国語、業界用語、隠語、話し言葉などわからない用語はないかなどの指摘をもらいます。作成者とは別の世代、性別や上司・部下など別の立場の人、意思決定者に近い属性の方にお願いすることで、自分では気づかない問題を発見してもらえる可能性が高くなります。

自分以外の人に確認してもらうのは必須として、プロの仕事はそこでは終わりません。**最低でも作成者以外2人の目でチェック**します。可能な限り多くの人に見てもらいましょう。

出典を明示して安心させる
複数の目でチェックする

校正と校閲はどう違う？

- 誤字等を確認するのが「校正」、事実関係の確認は「校閲」
- ビジュアルと説明に整合性があるかなどもチェックする

各自自宅から持参する物

漢字は間違っていないが、キャプションをつける位置が違うので間違い

片手鍋　包丁

伝わりにくい言葉では決裁されない

外国語	業界用語
・インテグレーター ・LOHAS ・バイラル ・モムチャン ・シュハスカリア	・完パケ ・テレコ ・ゲネ ・プロパー ・院試
隠語	話し言葉
・デカ ・マル暴 ・全麻、局麻 ・あごあし ・サンゴー	・私的には〜 ・ドタキャン ・やっぱ ・めっちゃ ・うざい

提出する相手、決定権者に属性の近い人にチェックしてもらうのがベスト。複数の目でチェックしよう！

03 Where（どこで）
"都合のいい"資料は選ばれやすい

Usability（使いやすさ） 再利用できるデータになっていますか？

→ 相手が加工できるスタイルにしておく

　資料は相手が受け取っておしまいではなく、その多くは再利用（Where）されます。通る資料とは意思決定者が使いやすい（Usability）ものとも言えます。それを証明するように、紙の資料を提出した後によく言われる言葉が「データでもらえますか」です。この言葉の持つ意味は、①紙の資料は次の決裁者などに渡す際コピーが必要。データならメール等で手軽に転送できる、②同じ資料を量産するには元の資料を見ながら一から入力しなければいけないので面倒、の2つでしょう。資料を通すためには、相手の負担を軽減する工夫が最大の効果を生みます。いかに相手の手を煩わせないデータを渡すかが採否に直結するのです。

→ 全角・半角の徹底で使えるデータに

　すぐ使える資料とは相手に手間をかけさせないものです。注意していただきたいのは入力時の全角・半角

の徹底です。①「半角にすべきものはアルファベットと数字」で、②「全角にすべきものはカタカナ」です。

　Excelで表やグラフを作成する場合、数字は半角で入力したものしか計算、加工ができません。ほかに英数字を使うのは電話番号、メールアドレス、WebサイトのURLでしょう。半角で入力した電話番号には直接電話やショートメッセージが送れます。メールアドレスならクリックで宛名が入り、URLなら該当ページが開きます。

　ところが、全角で入力されたものは文字の扱いで、これらの通信ができません。気が利かない、使えない資料だと判断されてしまいます。日頃から英数字は半角で入力する習慣を徹底しましょう。

　逆にカタカナには半角を使いません。表内や図形上の幅に収まりきらないときに使う人が多いようですが、それでは単語の意味やスタイルを崩してしまいます。「イー・プレゼン」と半角入力すると相手の社名を別物に変えてしまいます。1つの単語の中で「プレゼン・コンシェルジュ」のように全角・半角が混在すると文章のリズムまで崩してしまいます。大事な社名や製品名などを尊重できる資料とそうでないもの、どちらが選ばれるかというと必ず前者です。

　そのほかに、仕事内容によって、データが1ファイルになっていたほうが便利なもの、逆になるべく細かいファイル分けになっていたほうがいいものがありま

す。受け取った相手に切り貼りで情報をまとめさせたり、分割などの手間をかけさせたりすることのない状態で渡しましょう。

→加工可能なデータも必要

　データで渡した後、先方から「加工ができません」と届く問い合わせの多くは1つの画像に加工したものです。どこかからの引用で画像として保存された表やグラフ、文字や図形をグループ化したユニット、文字や図形を組み合わせて画像として保存した図形などです。

　見た目を変えずサイズを小さくする目的でPDFファイルにして渡すことも多いですが、相手の目的次第では元のデータのまま渡します。閲覧やメール転送用などの用途で「PDF」、先方の加工用に「元データ」と両方送信できればベストです。

「データで欲しい」と言われた時点で、相手がどのような目的で使うのかを聞き出し、それにふさわしいデータを渡します。このような細部までの気くばりが資料を通すことにつながります。

 POINT　全角・半角の使い分けを徹底する
　　　　　元データと PDF、両方渡す

半角と全角を上手に使い分けよう

●アルファベット・数字は「半角」で

■電話番号
×…（０３）１２３４－５６７８
○…(03)1234-5678

> 全角で入力したものは、数字の形をした文字のため、電話は直接かからない、メールアドレスやURLをクリックしても当該ページにジャンプしない

■メールアドレス
×…ａｍａｎｏ＠ｊｉｔｓｕｇｙｏｕ－ｎ．ｃｏ．ｊｐ
○…amano@jitsugyou-n.co.jp

■数字
×…８０％　¥８６０　７．３
○…0.8　860　7.3

> セルに入力しても全角の数字は計算できない。
> 全角の単位をつけると計算できない場合もある

●カタカナは「全角」で

■社名等
　×…アップルシード・エージェンシー
　○…アップルシード・エージェンシー

> 新聞・雑誌や公的文書には半角カタカナは使われない

■製品名等
　×…マイクロソフト パワーポイント
　○…マイクロソフト パワーポイント

> 社名や製品名などの固有名を変えてしまうことになるので使わない

> 枠に入りきらない場合は、文字のサイズを小さくして対応

04 How（どのように）
確認と仕上げは必ずヒトの手で

Hospitality（気くばり） 資料の体裁は問題ありませんか？

→ 紙質と綴じ方で勝負が分かれる

　資料を受け取り慣れている人は手に取って触っただけでプリントかコピーか、紙の質までわかります。

　プリントすると時間がかかり、上質紙を使うとコストもかかりますが、あえてそのように提出してくる資料は気くばり、熱意や誠意を感じられるものです（Hospitality）。このように内容をまったく読まないうちからコピーや綴じ方（How）で作成者の常識や思いまで伝わってしまいます。プロは逆にこれを利用して最終決定に持ち込みます。

　まずは①**出力方法**ですが、コピーはガラス台の汚れが写ってしまうため、なるべくプリンターで出力しましょう。ここぞというときは上質な用紙に印刷して勝負します。

　次に②**綴じ方**です。読み手にストレスを与えることなく、資料が最初から最後まで読めることが重要です。ところが、綴じ方によって本文が読めない資料も多く

見かけます。製本カバーは高級感とおもてなしの気持ちが伝わります。ところが、用紙の一辺を綴じるため平行にしか開けないのが難点です。綴じしろで本文を隠してしまうこともあります。最初から隠れる部分を見越してレイアウトすることが求められます。

　そこで、めくりやすさに配慮するなら、**最適なのはホチキスの1カ所留め**です。斜め45度に留めれば、めくったページをきれいに真裏に折り返すことができます。

　また、渡した後にコピーされることがわかっているなら、クリップの仮留めで渡します。ホチキスの針を外す相手の手間を省くことができ、喜ばれます。

→ 検品しながら綴じていく

　資料はプリンターでもコピーでも機械が連続で何十部でも量産してくれます。ところが、白紙や折れ曲がったものが交じったりすることがあります。優秀なコピー機でもそこまではチェックしてくれませんから、**人間の目による確認**が必要です。

　1ページずつ確認していくのがベストですが、時間がない場合はパラパラ漫画をめくる要領でいいので目視で確認していきます。このときSTEP5の04項で紹介したページ番号が振ってあれば、落丁に気づきやすくなります。

ホチキスの１カ所留めはコピー機のステープラー機能で可能ですが、用紙と平行に打たれる機械もあります。斜めに綴じるためには、目視で検品したものをホチキスで留めていくのが確実です。機械任せでは途中で狂った場合に針をすべて外して製本し直しという手間と時間がかかってしまいます。

→ 資材・機械・人員を確保する

　やり直しで困るのは結局、手間ではなく時間のほうです。せっかく準備した資料も締め切り時間に間に合わなくては見てもらえません。締め切り前に意思決定者に届けるため、あらゆることを想定して予定を組みます。

　日頃からどれくらいの部数の作成にどれくらいの時間がかかるか知っておくことは重要です。機械は壊れることもあれば、定期点検が入ることもあります。検品は人の目と手でやるので、部数が多いときは人手も必要です。用紙やトナーなどの「資材」、コピー機などの「機械」、チェックに必要な「人員」の確保が資料の最終仕上げを確実なものにします。

綴じ方で差をつける
目視で確認してから綴じる

綴じ方にも気を抜かないで

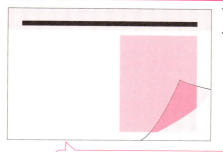

} 製本カバーの幅

製本カバーは一辺をふさぐため、
端の文字等を隠してしまうことがある。
カバーの幅を見込んで、レイアウトする必要がある

読みやすさを考えたホチキス1カ所留めの法則

辺に対して45度に
打つことで、
きれいに真裏に
折り返して
読むことができる

05 Whom（誰に）
誠意と思いが伝わる渡し方

Goal（目標意識） 相手に失礼、迷惑な資料になっていませんか？

→ 選ばれるのは常識的に提出された資料

　資料の準備が整い、いよいよ相手に渡す段階がやってきました。ここで注意したいのは、意思決定者（Whom）は誰でも**常識ある相手と仕事をしたいと考えている**点です。資料も常識的なものでないと選ばれる（Goal）ことはありません。

　意思決定者が資料を読み始める前に、**封筒の段階から実は選考は始まっています。**資料が入った封筒が明らかに常識がないと開封もしないなど、候補からはずされてしまうこともあるのです。

　たとえば、誰宛てか、担当者名が明記されていない封筒が届いたとき、わざわざ受取人を調べたり、探したりという手間がかかると相手は非常に迷惑です。"中身は何だろう"と心配させてもいけません。漏れのない正確な宛名を書き、中身を知らせる「○○在中」といった上書きなどで、確実に相手の手に渡り、安心して開封してもらえます。それらの関門を通過してや

っと検討の土俵にのるのです。

→ 主従を分け、並び順で誘導

　資料を通したいとき、相手が一人の場合は極力シンプルに伝えることが求められます。けれども、会社組織などは稟議書で他部署の管理職、役員全員の押印がないと決裁にならない、経理や法務の承認が下りないなど、仕事が正式に決まらないということがあります。そのため「詳細な仕様書が必要」「見積書がなくては決裁できない」と、求められる情報は多岐にわたります。そのすべてを全員に渡すと混乱や迷いにつながり、決定からどんどん遠ざかってしまいます。**基本は"必要な人に必要な資料のみ届ける"**ことです。すべての資料を本体に綴じ込むとボリュームが膨れ上がってしまうので別紙に分けます。

　別紙部分もひとまとめにするのではなく、いくつかのパートに分けておきます。これらをバラバラな状態で渡されると相手は困ってしまいますので、まずはサイズとタテヨコの方向を揃えましょう。

　次にメインの資料を一番上にして、見てほしい順に重ね、一番上に目録をのせます。これで複数の資料を優先順位によって読んでもらうよう誘導できます。

→ 成否を左右する渡し方

　完成した資料の渡し方は①**手渡し**、②**発送**、③**発信**

の3種類があります。①の手渡しなら手から手に渡すことで確実ですし、「よろしくお願いします」とひと言添えてプッシュできるのがメリットです。

　社外などは郵便や宅配便で②発送することもあります。この場合、まず荷姿が判断されます。雑な宛名書きでボロボロの封筒が届いたのでは、第一印象がいいわけがありません。資料に最適なサイズの封筒に入れ、宛名も差出人も正式名称で丁寧に書きます。資料に対する思いを込めた添え状を「手書き」し、一番上にのせます。資料本編を読む前からここで気持ちをつかんでください。

　最近では資料を③データでやりとりすることも多くなりました。一般的なのはメールでのやりとりでしょう。社外の場合は、"外部から受信できるのは○MBまで"といったルールがあります。送ったつもりがサーバーでシャットダウンされていることもあります。社外の場合は条件を聞いてから送信するようにします。大容量のファイル転送サービス、オンラインストレージサービスを利用して、受け取ってもらうことも可能です。

 POINT
資料を読む前の段階にも気を配る
相手が都合のいい渡し方を知る

見てもらいたい順に並べて意思決定者を誘導する

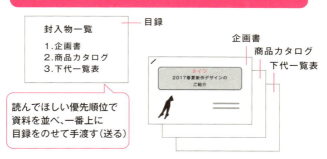

封筒の書き方で心をつかむ

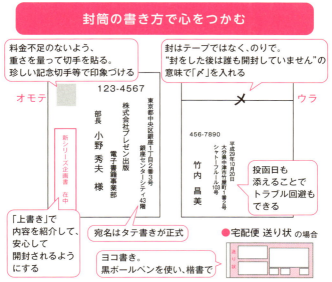

巻末資料 I

このまま使える
プロの必勝テクニック!

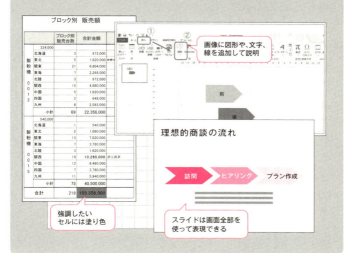

プロの必勝テクニック1
罫線・セルの使い方でポイントを強調
表組み

▶ 情報を見てもらうにはメリハリが肝心

　表はExcel、Word、PowerPointと大きく3通りの作り方があります。

　一度作れば再計算ができグラフにも加工できるExcelで作った表をWordやPowerPointに貼り込む方法が効率がよいのでおすすめです。

　項目（見出し）行は表全体を誘導するものですから、意思決定者の目にダイレクトに留まるようにしなければなりません。**ほかの領域とは異なる効果**をつけます。具体的には文字のフォント、サイズ、色を変える、セルに塗り色をつけるなどです。

　セル（枠）の中の文字は左揃えになり、逆に**数字は右揃え**あるいは小数点で揃えるというルールがあります。それらとは区別する意味もあって中央揃えにすると項目が目立ちます。文字や数字の揃う位置が違うことで余白を生み、スッキリと認識できるようになるのです。

2行以上にわたるような長い項目名の場合は、意味の区切りで強制改行することで、意味のある文字列として認識されます。
　また、数値の集計などに使う**合計欄**なども目立たせたい箇所です。これも項目同様の効果で強調できます。
　項目や合計で文字サイズを大きくすると、セルの中の余裕がなくなります。その他のエリアより、行の高さや列の幅を広げることでもその行や列の面積が広がり、余白が生まれます。

▶ 罫線によって見え方がまったく変わる

　表の見え方をもっとも左右するのが**罫線の扱い**です。やってしまいがちなのが、セルすべてに同じ太さ、色の線をつけてしまうことです。
　黒の線が縦横に引かれていると紙面を黒くして、肝心の表内の情報が埋もれてしまいます。そこで、境界の線を消す、太さや色、線種を変えるなどして強調したい箇所を目立たせます。
　あまり知られていませんが、**罫線はさまざまなスタイルに変えられます**。極端な例では線が一切ない表も作れます。
　Wordの中に複雑な箇条書きを入れたい場合、文字が回り込んで表示がガタガタになることもありますが、表にデータを入れて罫線や枠線をつけなければ、文字

の先頭を正確に揃えて読ませることができます。

数字には、円、個などの単位がつきものですが、これはまとめて表外に出すことで、表の中の文字数が減ってスッキリします。

数字は3ケタごとに「,」（カンマ）を振るので、「千人」「百万円」という単位にしてあることもあります。そのとき、56千人、23百万円という数字が出ていると、相手の頭の中で正確な数字に置き換えるプロセスが生じます。

最初から万人の単位で「5.6」、万円の単位「2,300」を表内に入れるほうが親切です。

導きたい結果に誘導するプロのテクニック

●大事なのはメリハリ！

ブロック別 販売額

(単位:万円)

		ブロック別 販売台数	合計金額	備考
		324,000		
		3	972,000	
		5	1,620,000	前期分込み
		21	6,804,000	
機	東海	7	2,268,000	
0	北陸	3	972,000	
	関西	15	4,860,000	
		5	1,620,000	
		2	648,000	
	九州	8	2,592,000	
	小計	69	22,356,000	
		540,000		
	北海道	1	540,000	
製	東北	2	1,080,000	
粉	関東	13	7,020,000	
機	東海	7	3,780,000	
0	北陸	3	1,620,000	
0	関西	19	**10,260,000**	過去最高
1	中国	12	6,480,000	
5	四国	7	3,780,000	
	九州	11	5,940,000	
	小計	75	40,500,000	
	合計	219	**103,356,000**	

- 項目は中央揃え、意味の区切りで改行
- 強調したい行は高さを広く
- 文字は左寄せ、数字は右寄せに
- 強調したいセルには塗り色

プロの必勝テクニック2

感覚に訴えかけて
心をわしづかみする
クリップアート

▶ イラスト+文字で直感させる

　イラストや写真は伝えたいことがストレートに伝わるビジュアルです。たとえば、スマートフォンをまったく見たことがない人に向けて提案資料を作る場合、本体のイラストや画面画像、人が利用中の写真などを見せれば、一瞬でどんな形状のものか直感してもらえます。

　パソコンで絵が描けない方にはCD-ROMのクリップアート（既製のイラスト）素材集が市販されています。ほかにインターネットからも手軽に取得できます。マイクロソフトのOffice製品には「オンライン画像」として、「Bingイメージで検索」があり、そこを経由して画像を取得できます。

　また、ネットで「クリップアート　無料」と検索すれば著作権フリーのイラストや写真を見つけることができます。

　気をつけたいのは**イラストのトーン**です。格式の高

い資料にマンガのようなイラストは似合いません。また、男性と女性の関係性を示すのに男性は外国人風のイラスト、女性は日本人風ではアンバランスになります。**トーンの似たもので揃え、全体に統一感を出して**いきましょう。

　イラストはイメージを伝えるための装飾としても使いますが、その発展形は「図解」です。複雑な事象を説明するなら図解が一番で相手の理解を促すことができます。取得したイラストをベースに□や○などの図形を使って線で結び、補足説明を加えれば図解が出来上がります。

　たとえば、男性と女性のイラストを線で横につなぎ、その下には小学生のイラストをレイアウトします。さらに「夫」「妻」「子」という文字を加えることによって夫婦と子どもの関係図の完成です。

　思うようなイラストが見つからない場合は、**ピクトグラム（絵文字）のような簡単な絵を作ってみましょ**う。○や□の組み合わせに色をつけ、枠線を消せば、人間や建物などのイラストに見せられます。

▶ クリップアートの分解と合体でオリジナル画像

　ところで、**クリップアートのイラストは分解できる**ことをご存じでしょうか。画像の上で右クリックし「グループ化」から「解除」を選ぶと、ハンドルが表

示されてパーツに分解されます。必要なものだけを使うこともできます。

　同様にOffice製品で挿入可能なSmartArtも分解・削除して必要な図形のみを使えます。

　最後に図形や文字を組み合わせて一つの画像にする方法を紹介します。PowerPointで描いた図やクリップアートに文字をのせて、ドラッグで図形全体を囲み全部を選択します。そこで右クリックして「図として保存」を選ぶだけです。

　これで簡単に**伸縮自在のロゴや文字入り画像が完成**しますので活用してください。

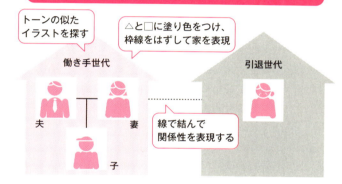

プロの必勝テクニック3

生き生きとリアルに伝える

写真とスクリーンショット

▶ 自分で撮影するときの4つのコツ

　STEP4でも説明した通り、既製品のイラストや写真は非常に便利ですが、それだけに頼っていたのでは限界があります。"新規出店の予定地はこんな場所です""合羽橋でこんなに便利な食器を見つけました"。あなたの資料の説明に必要なこれらの写真が、すべてネット上にあるわけではありません。

　情報を独創性をもって、より正確に伝えるには、写真を自分で見つけるしかないのです。

　そこで、**自ら撮影する写真の登場**です。プロの撮影が理想的ですが、デジカメやスマートフォンの撮影でも十分です。今は必要なくても、資料に使えそうな写真を撮りためていきましょう。逆に手元の写真から企画やアイデアが生まれることもありますから。

　デジカメやスマホでも資料に使いやすい写真を撮影するにはちょっとしたコツがあります。

①全体像だけでなく、パーツ写真も撮っておく
②メインの被写体は正面以外にさまざまな角度から撮る
③フラッシュあり・なしの両方を撮っておく
④撮った後に明るく補正する
などです。

　自分が着目した被写体の写真ならどんな説明より正しく伝わり、相手の心を動かします。さらに自分が撮影したものなら著作権フリーのため、許諾を取る手間がかからないので安心です。

▶ パソコン画面のスクリーンショット

　パソコンの操作方法などのプレゼンには、実画面を見せながらのほうが断然理解が深まります。そのときに活躍するのがパソコン画面を画像として取得する「スクリーンショット」です。

　ディスプレイを撮影するように、見えている画面を画像化します。たとえば、キーボードの「Fn」キー+「Alt」キー+「Prt/Sys Rq」キーを同時に押すと「選択した画面」が画像として記憶されます。それを「ペイント」などの画像編集ソフトに貼りつけて使います。

　このように撮影した写真や取得した画像は**色やトーンの変更、ぼかし、トリミング（断裁）、コラージュ**

(貼り合わせ)、フレーム、テキスト入れなどの加工をして使います。

　写真に説明文、パソコン画面の注目してもらいたい箇所に矢印や枠囲みなどを加えていくことで、資料上に引き出し線を出して説明するより、直接訴えることができるビジュアルに変身します。

　写真加工ソフトが使いこなせない人にはこのような編集はハードルが高いかもしれません。手軽に加工するならスマートフォンの画像編集アプリがおすすめです。Ａ４サイズの資料に使うなら十分に見栄えよい仕上がりになります。

　いずれも元データはきちんと保存した上で、コピーしたデータで加工を始めてください。仮に失敗してもやり直しが何度でも可能です。

スクリーンショットなら正確に伝わる

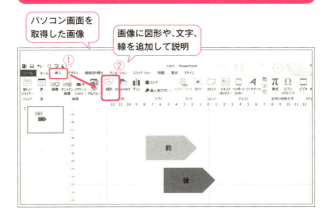

プロの必勝テクニック4

ひと目で伝わる、きちんと感と安定感

オブジェクトの整列

▶ 整列と等間隔で見た目アップ

　資料の見た目を左右するのはコンテンツの整列感です。文字や図形が揃っているだけで、「きちんとした印象」を与えることができます。

　PowerPointやWordでは作業の途中段階まで「ルーラー」と呼ばれる定規、「グリッド線」「ガイド」と呼ばれる目安のラインを使い、大まかにオブジェクトを配置し、デザインの全体バランスを確認できます。

【揃える】

　完成が近づいたら1mmの狂いもなく揃えるために「配置」機能を使って調整していきましょう。すべてのオブジェクトを選択し、「上揃え」「下揃え」などの機能を使って「上・下・左・右・中央」のいずれかのラインに揃えます。

【整列】

　複数のオブジェクトがある場合、それぞれの間隔が等しいことも重要です。オブジェクトをすべて選択して、「配置」機能の中から「左右に整列」「上下に整列」を選べば、等間隔にレイアウトされます。

【サイズ揃え】

　さらに、オブジェクトの形状や大きさを揃えることでも統一感が出ます。写真Aは8cm×4cmの長方形、イラストBは5cm四方の正方形、写真Bは半径7cmの円形……こういったものをどこかのラインに揃えてレイアウトしたとしても、違和感は残ってしまいます。

　そこで、基準となるオブジェクトを決めて、そのほかのサイズを拡大・縮小していきます。

　縦方向に整列するときには幅を、横方向に整列するときには高さを合わせれば、揃った印象になり、違和感は消えます。

▶ どことどこを結ぶのか

　図解でオブジェクト同士を線で結ぶときにも細心の注意が必要です。

　たとえば矢印線の場合、始点と終点がありますが、それらはオブジェクトに接しているのか接していないのか、オブジェクトのどこから出てどこにつくのか、

それが揃っていない図解は安定しません。

　その都度決めるのは大変なので、「オブジェクトの中央と中央を接した線で結ぶ」と決めて運用すればブレることはありません。

　矢印には始点と終点があります。始点から終点方向に動き、流れ、移動などの意味が備わります。

　同等関係の線か、移動のある矢印かを考えてからオブジェクトを結ぶようにしましょう。

整列と等間隔できちんと感を出す

プロの必勝テクニック 5

「自分らしい」資料を
効率的に作る
テンプレートのスライドマスター設定

▶ ロゴやアイキャッチを入れてテンプレートに

　本編では、「テンプレートを使いましょう」「ヘッダー・フッターを活用しましょう」とお伝えしましたが、ページ番号のない資料のなんと多いことか。

　ただそれは設定方法がわからないだけだと思いますのでここでご紹介します。

　複数ページにわたり、表紙と本文ページを必ず作らなければいけないPowerPoint資料の例で見ていきます。

　テンプレートは**「スライドマスター」**と呼ばれるページに設定していきます。表紙ページと本文ページを別に設定するので最低でも2種類作ることになります。さらに目次や中扉のテンプレートを作る場合もあります。デザインとして利用する線や図形などのパーツ、ロゴ、文字のフォント、サイズ、色、レイアウト位置などを決めていきます。

　何種類ものマスターが準備されていますが、サイズ、

色、位置などすべて変更できます。

　マスターをどれか1種類選んだだけでは文字も黒いままです。あなたらしさをアピールするには至りません。テーマカラーで伝える方法もご紹介しましたので、その**色**を**設定**しましょう。

　一度設定すれば、新しいページを挿入するごとに、同じデザインのものを何ページでも複製することができます。

▶ ページ番号は必ず自動設定に

　次に、プレゼンの進行に影響する、もっとも重要なページ番号の入れ方です。挿入タブの「ヘッダーとフッター」で設定できます。「スライド番号」に「チェック（✓）」を入れます。コピーライト表記や社名、「社外秘」などの警告を入れたいときには「フッター」にチェックを。表紙にはページ番号はないものですから「タイトルスライドに表示しない」にもチェックを入れます。

　その後、「すべてに適用」をクリックすることで、全ページにページ番号が入ります。

　ここまでの作業によって表紙にはページ番号が表示されないようになります。

　ところがこの状態では、表紙のページ番号は本来「1」なのに見せていないだけなのです。1枚めくっ

た次のページは「2」になってしまいます。表紙の次のページが「1」になる設定もします。「デザイン」タブの「スライドのサイズ」-「ユーザー設定のスライドのサイズ」を選びます。そこに出てきた「スライドの開始番号」を▼で「0」に変更します。

　これで、表紙はページ番号がなく、1からページ番号の始まるスライドが設定できました。並べ替えても、ページを増やしても減らしても自動でついていきます。

　スライドマスターの設定は資料全体の作成と同様にいきなり作業は始めないでください。

　まず、<u>どこに何を入れるという設計図</u>を作りましょう。それから作業を始めれば効率よく設定できます。

スライドマスターを徹底活用

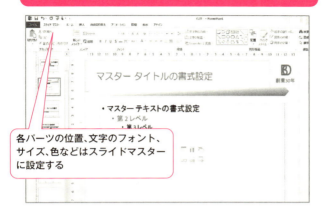

各パーツの位置、文字のフォント、サイズ、色などはスライドマスターに設定する

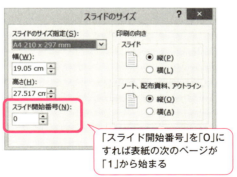

「スライド開始番号」を「0」にすれば表紙の次のページが「1」から始まる

プロの必勝テクニック6
見たい・知りたい願望を盛り上げる
PowerPointの切り替え・アニメーション・消していく手法

▶ 動きのインパクトで心をつかむ

　相手の心をつかんで意思決定に導く演出の一つにPowerPointのスライドの動きがあります。動的効果には、①画面切り替えと②アニメーションの2種類があります。

　①画面切り替えは、次のスライドに移行する際の効果です。印刷した資料では勝手に先のページをめくって読まれてしまうこともありますが、スライドではプレゼンターがページ進行をすべてコントロールできます。ページめくりの際の効果で次ページへの期待感を膨らませることができるのです。このワクワク感は紙の資料にはできない表現です。

　②アニメーションは、文字や図形を順々に出現させる、回転などの動きをつける効果のことです。
　最初からすべてのオブジェクトが見えていると、相

手はどこから見始めるかわかりません。A～Cのことを伝えるにも、Aを説明するときに、Aの文字や図を1つずつ見せていけば、相手は確実にその情報に集中できます。Cに先回りしていて、Aの説明を聞いていないという事態が避けられるわけです。

▶ 消していくテクニック

せっかくのアニメーション効果も、多くのスライドがオブジェクトを出す一方です。そこで1ランク上の**「消していく」手法**を2つご紹介します。

テレビのワイドショーでは**「めくりフリップ」**と呼ばれ、ボードに書かれた文字を紙で隠して、説明したいタイミングではがして紹介する手法があります。

わざわざ隠して「見たい」「知りたい」願望を盛り上げてから見せれば、一気に注目させられるのです。

この応用で、スライド上にあらかじめ文字などを出しておいて、図形で隠し、アニメーション効果ではずして下の文字を見せます。

この方法なら確実にその文字やオブジェクトに視線を集めることができます。

次に、**出し続けない方法**です。

1つずつ見せては消し、見せては消しを繰り返し、最後にまとめとして全部見せる手法があります。Aの内容を説明するときはスライド上にはAしか出ていな

い状況を作れば、見ている相手は確実にその内容に集中できるのです。

　けれども動きの入れすぎは禁物です。目が動かされすぎて注意がそがれ、本題は何だったのかと混乱させては本末転倒です。**画面切り替えは最初から最後まで1種類の効果に統一**します。アニメーションは特定のページだけにつけて、効果をつけないページを多くします。

　これで意思決定者の目が適度に休まり、決定を促すことにつながります。

　メール送信等で先方にデータを渡す場合は、スライドショー機能で見てもらうよう伝えて、せっかくつけた動きとともに見てもらいましょう。

消しながら見せるプロの技

隠したいものがあるときは、上から図形をかぶせておいて、消して下の文字を見せる

流れを変えれば…

５分の時短

■出社時業務　改善案
1　掃除
2　全体朝礼
3　部ミーティング

①最初に1、2、3すべてを見せる
②次に1だけ出ているページを見せる
③2だけ出ているページを見せる
④3だけ出ているページを見せる
⑤おさらいで1、2、3すべてを見せる

スライドは合計5ページになる

プロの必勝テクニック7

使い回さず、
ひと手間かけて
スライドと配付資料

▶ プロがスライドと配付資料を兼用しない理由

　PowerPointはスライドと配付資料の両方同時に作れるのが魅力です。モニターやスクリーンが横位置のため紙資料も概ね横位置にします。

　プレゼンのスライドを印刷すれば、そのまま提案書として提出できます。1ページにスライドを2画面、3画面、6画面とレイアウトして印刷しただけのものを見かけることもありますが、これは感心できません。

　まず、縮小することで文字が読めなくなることが問題です。また大映しのスクリーンでは認識できても、紙では読みにくくなることがあります。

　そこでプロは印刷資料を作るときにはひと手間をかけます。

　スライドは四角い画面をすべて利用できますが、紙資料は、綴じしろを考慮しなければいけません。投影するだけのスライドとは違い、綴じた際に上辺や左辺の情報が隠れてしまう問題、偏ってレイアウトされた

印象になる問題を避けることが重要です。ヘッダー、フッターを省いた正味のスペースの中央にセンターを取ってレイアウトします。つまり、**左綴じの資料は、オブジェクトをスライドよりも全体的に右寄せする**ことになります。

そのほかに、黒などの濃い背景色に白抜き文字を載せたようなスライドの場合。1ページいっぱいに1画面を印刷すると紙面が真っ黒になってしまいます。

普段そんな資料は見慣れていませんし、インクやトナーを無駄遣いし、印刷の時間もかかります。

この場合は、白黒(明暗)を逆にした印刷用データを作り直してから印刷〜コピーします。

▶ 減らすケース、増やすケース

最初にスライドを作って、その後に紙の資料に変更するときは**①スライドから情報を「減らして」配付資料に、②スライドの情報を「増やして」配付資料に**、この2つのパターンがあります。

「減らす」のは、動きを見せる関係でスライドのページ数が膨らんでいるとき。この場合は数ページを1ページにまとめるなどしてページ数を減らします。

そのほかには、極秘情報などで、会場では説明しても資料として渡せないものは抜いて渡すことになります。**見せるだけの情報と渡してもいい情報を区別する**

と考えてください。

　次に、「増やす」場合です。説明する情報がスクリーンに全部詰まっていると読みにくくなるので、情報量のほとんどが「スライド＝少、紙＝多」になります。たとえばスライドには大きな文字で箇条書きだけが入った場合でも、説明し終わったときには、手元で文字情報を読み込んでもらうために、詳細な説明文を加えたものを準備するようにします。

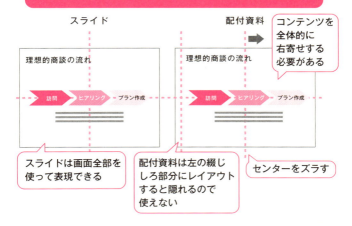

プロの必勝テクニック 8

ボリュームを見直して情報量を調整する

リハーサル機能

▶ 所要時間で適正ページ数がわかる

　ページ数が多くなりがちなPowerPointの資料で、適正量（ページ数）を知るツールがあります。「スライドショー」タブの「リハーサル」機能です。「リハーサル」を押してから、スライド画面をページ送りしながら説明していくと、各ページに何分何秒かかり、全体で何分何秒かかったか記録されます。

　たとえば、プレゼンに与えられた持ち時間が5分なのに、合計時間が5分40秒だとすると、情報を盛り込みすぎだということがわかります。

　時間オーバーに気づくと、多くの人は時間をかけているページを早く説明しようとしますが、そうではありません。

　資料を作り始める時点で、アピールしたい要素、必ず伝えなければいけない要素は決めたはずです。そこには時間がかかってもいいのです。

リハーサル機能を使って秒単位で計測すると、どのページに時間がかかりすぎ、どこが足りないかを正確に把握できます。**重要度と時間を見ながら、ページ数やその中の情報量を調整**していきます。情報量を絞っても時間オーバーになる場合は、思い切ってページを減らしてください。

　以上は持ち時間が決まった対面プレゼンを想定してご紹介しましたが、提出などで口頭説明のない渡しきりの資料でも同じように活用できます。
　リハーサル機能を使って自分が作った資料を黙読していきます。同じように合計の時間は計測されます。相手がパラパラめくって全体像を大づかみできるのは１分〜２分です。
　それを超える時間がかかるなら、やはり、その資料はどこかを減らすべきなのです。

▶ 渡したスライドを動かす

　動きがつけられるのがPowerPointの最大の特長ですが、相手が使い方を知らないこともあります。
　前項で紹介したアピールしたい箇所を隠した後にはずして見せるという効果も、完成した紙資料や画面だけを見ていては肝心なことが伝わらないままです。
　そのために、「スライドショーの設定」で**「自動プ**

レゼンテーション」の設定をかけてみてもらうという方法があります。

　受け取った側には「スライドショー」タブで「最初から」を選んでもらうよう伝えるだけで、テレビ番組を見ているように見られます。

　音声（ナレーション）を加えることによって無人でもプレゼンができる「自動プレゼンテーション」にもなります。遠隔地の方に送信する場合は代わって説明までしてくれます。ショールームや見本市でも繰り返し見せる動画の役割を果たします。

リハーサル機能でページ調整する

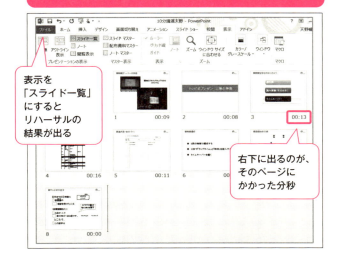

プロの必勝テクニック 9

パワポでプレゼン時にトラブル発生！ こんなときどうする？

紙資料は常に準備

▶ 本当に起こったトラブルの数々

　資料は社内で作ることがほとんどでしょうが、プレゼンとなると取引先などの社外に舞台が変わります。印刷した資料だけなら起きないトラブルがスライド投影ではいとも簡単に起こってしまいます。

　ここで、私が体験してきたケースをいくつかご紹介します。

　[**トラブル1**] 事前に送信しておいたスライドデータ（PowerPoint）を先方のパソコンで投影してみたら、フォントが異なり、文字は読めても図形からはみ出てデザインがガタガタになった。

　[**トラブル2**] 普段Windowsで作成しているデータをMacで投影したら、スライドショーの画面がまったく違った。

　[**トラブル3**] 自分のパソコンは縦横の比率が4：3なのでそのままスライドを作ったため、16：9の会

場のモニターにはスライドが平たく表示されてしまった。

[トラブル4] 普段マウスを使ってパソコン操作をしているが、プレゼン会場のパソコンにはなく、タッチパッドの使い方がわからずあわてた。

[トラブル5] 会場で壁面からパソコンまで電源を引くケーブルが切断された。

……と、想定外の事態は起こってしまうものです。

▶ トラブルはこれで回避できる

経験者の立場から解決策を一つずつご紹介します。

[解決策1] 自分が使っているパソコン以外はすべて勝手が違うものということを前提に、PDF化したデータも常に準備しておく。早めに現場に着いていれば、その場での修正も可能。

[解決策2] 画面の比率は違うものだと知っておく。事前に会場の画面はどういう比率かの確認をとれば済む。

[解決策3] 普段と違うパソコンを使うから見たことのない画面に遭遇する。使い慣れた自分のパソコンを持ち込む。

[解決策4] 出先にはマウスはないと心得て自分のマウスを持ち歩く。レーザーポインターを使う人も、な

いことを想定して指示棒を持参する。

[解決策5] 会場側に予備のケーブルも準備してもらうよう事前にお願いした上で、自分のパソコンもフル充電して持参する。

それでも停電等、これ以外のトラブルは発生するでしょう。印刷した配付資料を用意すれば、プレゼンを進めることはできます。スライドでアッと言わせることを考えつつも、最終的には紙の資料も準備しておくことが究極の自己防衛策になります。

画面の比率には要注意

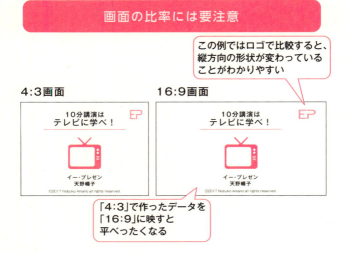

巻末資料 II

今すぐ使える
プロのお宝テンプレート集!

この章で紹介する「お宝テンプレート」は
次の方法でダウンロードしていただけます。

1 ダウンロードサイトにアクセス！

http://www.j-n.co.jp/template/amano2017/

2 IDとパスワードを入力！

UserID：jitsugyo
Password：ama_pre2017

3 ダウンロードして、じゃんじゃん活用！

プロのお宝テンプレート1
社内会議の案内(Word)〜月例会議

平成 29 年 4 月 4 日
本社 営業部
山中 昌弘

営業部長 各位

5 月度「営業部月例会議」開催のお知らせ

営業部の月例会議を下記の通り開催します。お忙しい時期ではありますが、各支店の営業部長は
ご出席願います。

記

■日時　5 月 23 日(火) 午前 10 時〜午後 3 時

■場所　本社 7 階　B 会議室

■議題　1. 下半期の売上予測　発表
　　　　2. 来年度新卒採用関連
　　　　3. 30 周年記念行事関連

■発表　札幌支店から始めて北から南の順

【その他】
(1) **出欠の連絡は 5 月 19 日(金)午後 5 時**までに、お送りしたメールに「返信」でお願いします。

(2) **発表用データは 5 月 22 日(月)午後 5 時**までに山中までメールでお送りください。
　　メール送信した Excel ファイルに入力の上、ファイル名を「(支店名アルファベット)」に変更してください。(例:sapporo.xlsx)

(3) 前泊が必要な方は本社の経費負担で手配しますので、お申し出ください。

以 上

お問い合わせ・返信は
本社営業部　山中
メール　m-yamanaka@asuka-enj.co.jp
内線　3791

- フォント、サイズは3種類以下

- 内容を把握しやすいよう余白を十分とってある

- あらかじめ議題や進行を知らせて、参加しやすくする（相手のベネフィット）

- 相手に
  ・やってほしいこと
  ・期限
  を明記

- 宿泊に関して費用負担が「ゼロ」（お得）を明記

- 出欠を取るため、連絡先を入れる

プロのお宝テンプレート2
企画書タテ（Word）〜社内企画・予算確保

初の試み、入社前に23人のチームビルディング！

'17内定者 クリスマスパーティー
のご提案

平成26年9月1日
人事部研修課
朝日俊彦

毎年10月に実施の内定式の後、自宅にて約2か月eラーニング研修を実施してきましたが、その修了のタイミングで、内定者の懇親会を計画しました。社外での飲食は初めての試みですが、ぜひ実施したいと考えています。ご検討のほど、よろしくお願いします。

10月18日（日）15時〜19時半

第1部 15時〜16時半 本社 3階ホール
　　　課題提出、ゲームによるグループワーク
第2部 17時〜19時半 新宿「イタリアーノ」
　　　クリスマスパーティー（立食懇親会）

(1) 概算予算

内容	単価	数量	小計	備考
レストラン	6,000	28	168,000	ゲ 3
料理 4,000				スタッフ 2
飲み放題 2,000				内定者 23
マイク一式			5,000	
プロジェクター			3,000	
パーティーグッズ			8,000	
予備費			2,000	
小計			186,000	
消費税			14,880	
合計			200,880	

会場写真

(2) クリスマスパーティーに期待できる効果

メリット① 入社前のチームビルディングで、4月以降の研修期間の短縮
メリット② 3月の卒業までの行動にプレ社会人としての責任感を生む
メリット③ 役員にも最終内定者の顔ぶれを覚えていただくチャンス

(3) 今後の進行

内定者には10月2日（月）の内定式で事務連絡しますので、9月22日（金）17時までに可否の決裁をお願いします。

人事部研修課 担当：朝日（内線 4563）t.asahi@ted-e.co.jp

- 目につく冒頭に開催のメリットを紹介

- クリスマスらしさを伝えるカラー（実際の帯の色は緑）

- アイキャッチにクリスマスカラーの赤のライン

- 楽しい雰囲気を伝えるためにイラストとレストランの写真を挿入

- 決裁のための予算を紹介

- 文字や数字のサイズ、フォント、線の種類、塗り色等で重要な部分を強調

- 相手のベネフィットを、伝わりやすく「3点」にして紹介

- スケジュールを逆算して、決裁の日を示す

プロのお宝テンプレート3
企画書ヨコ（PowerPoint）～社外提案・アイデア

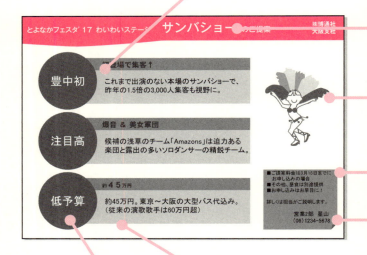

- 集客面を数字で表現

- 提案内容を冒頭から紹介

- 内容を直感できるイラストを挿入

- 低価格には期限があることを示して決定を促す

- 連絡先の明記

- 使用色をオレンジと緑の2系統に限定

- ポイントを3点に絞り、短い言葉でアピール

プロのお宝テンプレート4
プレスリリース(PowerPoint)〜マスコミ向け

テレビニホン 報道局
ニュースゴジラ 山本雄二 様

2017年9月12日(火)
株式会社アミーナホールディングス

9月19日 TUE モデルに人気のブランドが赤坂に直営店!!
セレブだらけのオープニング・イベント

取材のご案内

アミーナジャパンが世界に向けて発信するグローバル旗艦店「Amina TOKYO」(アミーナ・トウキョウ)が、今秋注目の商業施設「グリーンプラザ赤坂」にグランドオープンします。オープンに先駆け、「赤坂ブリッツ」にてオープニング・イベントを開催します。当日はぜひ取材いただきたくご案内申し上げます。

Amina TOKYO オープニングイベント

2017年9月19日(火)

■1部 ファッションショー&スペシャルライブ(赤坂ブリッツ)
15:30 受付開始
16:30 **Amina** ファッションショー
　　　(出演:アンジェリーナ、YUKINA、玲奈、鈴木るり ほか)
17:00 **Amina Boys** スペシャルライブ
　　　(出演:聖人、石井タクヤ、KOHEI)
17:40 出演者フォトセッション〜囲み取材

■2部 **Amina** レセプション
19:00 フォトセッション&囲み取材
21:30 イベント終了

聖人写真　アンジェリーナ写真

赤坂ブリッツ 地図

●取材クルーの皆さまにはブランドのウエア・バッグ詰め合わせをご準備しております。
※お申し込みいただいた方には詳細資料をお渡しします。

□ご出席 □ご欠席
いずれかに「レ印」をつけてご返信ください

貴社名:
媒体名:
代表者名:
持ち込み機材: □ムービー □スチール (　台)　　取材クルー:男性　人 女性　人 (計　人)
囲み取材希望:
電話:　　　　　　　　　　　　　　mail:

詳しいお問い合わせは
株式会社アミーナホールディングス 広報部 (03)1234-5678 info@amina.co.jp
●村田 murata@amina.co.jp (090)1234-5670 =当日連絡先= ●河野(かわの) kawano@amina.co.jp (090)1234-5672

撮影場所はお申し込み先着順。よいポジションはお早目に!

■お申し込み締め切り 2017年9月15日(金)17時　**取材お申し込み FAX送信先 03-1234-5679**

- 来てほしい人の所属・氏名を明記

- キャッチコピーを冒頭に置き、白抜きで強調

- ブランドを直感させるよう、ロゴを挿入してあるが、左右には余白を取ってある

- 人気タレントの写真で直感させて動機づけに

- 住所より地図のほうが来場には便利

- 来場者のベネフィットを明示（＝おみやげ）

- すぐに申し込めるよう、リリースと申込用紙を兼用している

- 社外イベントのため、当日の連絡先も明記

- 行動に必要なFAX番号は特大で表示

プロのお宝テンプレート5
イベント集客チラシ（Word）〜顧客呼び込み

3か月で3kg〜10kgの実績！

貴女のための新スタイル "褒めダイエット" で無理なく痩せる！

ご存じですか？ イケメンから褒めてもらうだけで痩せるダイエット…

 × ＝ 痩せ

褒めダイエット・コーチ
帆士さゆり（ほし・さゆり）

2003 年より美顔専門店 Brugge（ブルージュ）を開業。アートメイク、リンパ痩身の施術を経てダイエットアドバイザーとなる。お客さまからの要望に応える形で「褒めダイエット」を考案。イケメンによるメールや対面の応援メッセージでぐんぐん痩せる女性続出。

女性が太る原因のトップはストレスから来る過食です。
それを防ぐためには別の「ごほうび」を自分に与えて、心と体を満足させてあげる必要があります。そこで考案されたのが「褒めダイエット」。3か月で10kg痩せた方も！
韓流、ジャニーズ系、ビジネスマン系、ちょい悪オヤジ系…
あなたはどんな男性にホメられたいですか？

●このようなお悩みをお持ちの方にお勧めです●
- □ 厳しい食事制限はイヤ
- □ 男性からモテたい
- □ 何をやってもすぐリバウンドする

お客様の目的に合わせて、痩せるごとにホメる手法でサポートいたします。

痩せてキレイになったね

モニター募集　限定10名さま　「感想」と「ビフォー／アフター写真」を掲載させていただける方 限定！

通常料金　45,000円 のところ　**25,000 円**（女性限定）

3ステップでらくらくダイエット（褒めダイエットは3か月です）
- （1）**ヒアリング**　…痩せたい部位や目標体重などをうかがいます。
- （2）**褒めカウンセリング**　…カラダがうれしい言葉を中心に、イケメンからホメ言葉をかけてもらったり、メールで応援されたりします。
- （3）**サイズチェック**　…2週間に一度の来店でサイズチェック、カウンセリングも行います。

お申込み　11月30日（木）午後6時まで。定員になり次第、締め切ります。

お問い合わせ
褒めダイエット・コーチ　**帆士 さゆり**
サロン　福岡県久留米市諏訪野町 1-2-3
web : http://www.brugge-net.com/　携帯 : 090-1234-5678

- トップから実績数字を紹介

- キャッチコピーには「美容」を直感させる女性らしいフォントを使用

- 図形を使って、キーワードをアイキャッチに

- 線を使って、ブロックを分割し、アイキャッチに

- 定価も併記して、ベネフィット（割安感）をアピール

- 期限を設けて、申し込みを促進

- 探さなくても連絡先がわかるよう枠囲みにして強調

- 左上からスタートして、右下で終わるレイアウト

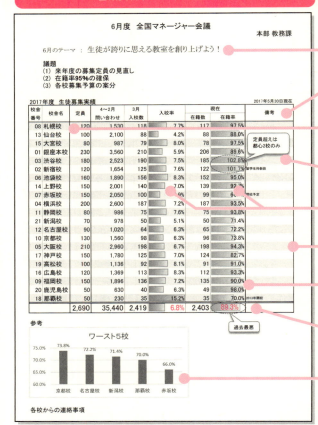

- スローガンらしさを出すため、別のフォントに
- 項目は他のゾーンと別扱いのため、中央揃えに
- 開校順の校舎番号ではなく、北から南に並べて、該当の行を探しやすく
- 吹き出しをつけて、メッセージを表示
- 「データバー」機能を使って、数字を「見える化」
- 罫線を減らすために、行ごとで塗り色を交互に
- 文字は左揃え、数字は右揃えに
- 注目してもらいたい数字はサイズを大きく、色も変更し、枠で囲んで強調
- 特に注目してほしい部分だけを抜き出して別グラフに

プロのお宝テンプレート7
報告書（Word）～視察

2017 年 12 月 6 日
総務部 人事課
花岡 駿佑

那須事務センター 視察報告
夜間シフト要員 2 名の補充が急務！

1. **目的**
   - (1) この半年の離職率が高いため、センター長および現場スタッフにヒアリング
   - (2) シフト表とタイムカードシステムのチェック
   - (3) 休憩時間の過ごし方の確認

2. **日時**
   平成 29 年 12 月 4 日（月）～5 日（火）

3. **同行者**
   人事課 山口

4. **確認事項**
   - (1) センター長自身も疲労、バイトスタッフも休みが確保できないのが不満
   - (2) シフト表上、夜間バイト不足分を社員（管理職）が出勤し、休日が月 1～2 日の状態
   - (3) 休憩は実質 20 分ほどしか取れておらず、片手で軽食、片手でスマホがほとんど

5. **所感**
   　慢性的な人手不足で、バイトの不足を社員で補っている状態。このままでは社員の退職に至る懸念があります。特に夜間は本来 15 人必要な業務のところ、12 人しか確保できていません。(ほぼ毎日社員がヘルプ)
   　現状、新聞折り込みで募集をかけていますが、昼間時給 750 円、夜間 800 円では補充に見合う人数の応募もないようです。本社の補助で首都圏との中間の時給まで引き上げて大量募集してみてはいかがでしょうか。

6. **添付資料**
   1. 12 月シフト表、1 月シフト案
   2. 社員 3 人、アルバイト 8 人ヒアリングまとめ（匿名）

以 上

事務センター 内観

休憩室

- 報告書のポイント(結論)を数字を使ってトップにレイアウト

- 字下げを使いながら、箇条書きのルールを統一

- 直感させるために、視察で撮影した写真を挿入

- 内容を3点にまとめて報告

- 報告内容に数字を活用

- 詳しい資料は、別途添付する

- フォントは2種類しか使っていないのでスッキリ見える

プロのお宝テンプレート 8
職務経歴書(Word)〜プロジェクト責任者立候補

台湾出店プロジェクト　マネージャー志望

2017 年 12 月 1 日
所属：ABC レストラン
社員番号：9812003

鈴木 大輔

職務経歴書

●私にできる「3つ」のこと
アジア関連の新規事業立ち上げ、新規開拓の経験から
次の能力を発揮できます。
- 多言語を使った臨機応変力
- 現地スタッフを理解するコミュニケーション能力
- 日本の商習慣の現地ローカライズ

1. 入社後の歩み
年
- 1998　日の丸商事㈱より中途入社
- 1998　アジア事業部　韓国営業2部に配属
- 2000　同部リーダー
- 2003　韓国営業3部の新設により課長職
- 2006　ソウル法人　副社長
- 2010　帰国、韓国営業1部 課長
- 2012　台湾資本のABCレストランに出向（日本人顧客担当）
- 2017　現在、同店ゼネラルマネージャー

2. 言語
- 韓国語　　ビジネスレベル
- 英語　　　TOEIC830点
- 中国語　　日常会話レベル
  （2013年から勉強中）

3. 受賞
2008 年　韓日文化交流協会より「貿易功労賞」受賞

上半身　写真

授賞式の写真

以 上

- 志望職種を朱書きで明記
- 社内資料では社内に通用する連絡先を明記
- アピールポイントを3点に整理して紹介
- 顔写真で人物をアピール

- 罫線を表示しない表組みで情報を整理して伝達
- 功績を直感させるため、写真でリアルに表現
- 資格を入れれば、1行でスキルが伝わる
- 字下げを使った箇条書きで余白を持ちつつ、情報をスッキリと整理

プロのお宝テンプレート9
新プロジェクト提案書（PowerPoint）〜表・グラフ入り

表紙
- 表紙から提案内容がわかるタイトル
- 内容を直感させるビジュアルを入れる
- 差出人の社名、氏名を明記

1ページ
- 「なぜ？」でフックをかけ、図解で説明
- 図解もテーマカラーで表現
- 図解は正午の位置からスタートして循環している

2ページ
- 問題となるデータをグラフで紹介
- ポイントは上部に、数字を使ってレイアウト
- 解決策を次ページに誘導するメッセージが下部に

3ページ
- 提案内容を中央に1行で目立つように紹介
- 広島県産品をイメージさせるイラストを掲載
- 制作物のスペックを数字で紹介

4ページ
- 提案内容のベネフィットをクリップアートの図解で紹介
- 提案先以外のベネフィット紹介で社会的意義も伝える

5ページ
- 意思決定の決め手となる予算を明示
- 見積書は別途提出すればよい
- 注目してほしい合計額は、大きく、色を赤に変えて表示

6ページ
- スケジュールを「見える化」
- 決定の期限を根拠とともに紹介してある
- 官公庁は年度で動くことを意識して提案する

7ページ
- 必ず回答がもらえるように連絡先を明記
- 連絡しやすい情報の順に示す
- URLの入力は面倒なので、簡単な検索方法も併記

8ページ
- 期待を高めるメッセージで締める
- 全体に関係のあるビジュアルも添える

表紙

広島県　御中

小学5年生のための
"広島産の教科書"
作成のご提案

平成29年7月1日
苅谷印刷㈱企画部
斉藤七海

1ページ

● 県内のスーパーに広島県産食材が少ないのはなぜ？

広島産の教科書

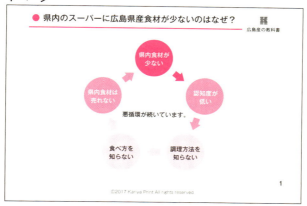

県内食材が少ない → 認知度が低い → 調理方法を知らない → 食べ方を知らない → 県内食材は売れない

悪循環が続いています。

©2017 Kanya Print All rights reserved

2ページ

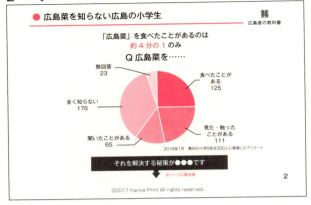

3ページ

4ページ

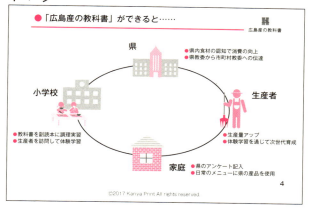

5ページ

6 ページ

7 ページ

8ページ

プロのお宝テンプレート10
セミナーアンケート(word)〜イベント参加者向け

セミナーの感想をお聞かせください

記入日 2017年 9月 1日

本日は**ゆめサポママ@ながの**の主催の「**起業の種まきセミナー**」にご参加いただきありがとうございました。今後の活動を充実させるため、参加者の皆さまのご意見をお聞かせいただきたいと考えております。ご記入いただいた方には、当会で運営する「**ゆめママキッチン**」ランチチケット(長野市立図書館前・500円相当)を差し上げます。

●Q1 本日のセミナーに満足いただけましたか?
□満足 □満足 □どちらとも言えない □やや不満 □不満

●Q2 セミナーの時間は?
□長い □ちょうどいい □短い

●Q3 今後セミナーにご参加いただく際、ご都合がいいのは?
□平日昼間 □平日夜 □土日昼間 □土日夜 □いつでもよい

●Q4 本日のセミナーを通じて、良かった点、改善してほしい点など、感想をご自由にお書きください。

●Q5 今回の講師にひと言!

●Q6 普段困っていることや"こんなサービスがあったらいいな"と思うことがあればお教えください。

●Q7 今回のセミナーは何でお知りになりましたか?
□Facebook □LINE □ゆめサポからのメルマガ □知人からの紹介(　　　　　　さま)

●Q8 ご記入いただいたコメントをインターネットや印刷物に掲載させていただいてもよろしいですか?
□名前を出してもよい □イニシャルならよい □匿名ならよい □掲載は困る

いただいた情報は当会からのご案内以外に使用することはございません。差し支えない範囲でご記入ください。

お名前		年齢	
ご住所 〒			
メールアドレス	@		
Facebook アカウント		LINE ID	

ゆめサポママ@ながの　セミナー担当:森田・大l
電話　(026) 765-4321

後日 FAX でお送りいただく場合は　(026)765-4322　まで

- 「アンケート」ではなく、書きたくなるタイトルを付ける

- あらかじめ日付やセミナー名を入れて、今回の声を拾う

- 自由記入と択一式の問いを設け、記入率を上げる

- 情報の取扱いについて触れ、安心して記入してもらう

- ＠マークを入れて、長いアドレスでも正確な記入を促す

- 連絡先を明示し、責任の所在を明らかにする

- ウェブサイトをすぐ見てもらうために
  QRコードを掲載する

- 渡し忘れた人が後で送ることも考えて
  FAX番号を目立つ場所に大きく表示

プロのお宝テンプレート11
新商品リリースペーパー（PowerPoint）〜展示イベント

家具メッセ東京2017だけでご注文いただけます

日本限定　完全注文生産

スウェーデンの人気家具作家
［ヤコブ・ローマン］デザイン

ヒットを創りたい
バイヤーさま

幸せを呼ぶ奇跡の3本脚チェア

ザ・トライデント

▶ **3本脚の秘密**
ローマンが日本の「三矢の教え」に着想した日本限定デザイン。
日本国内での取り扱いはATORIのみ。「安定」を意味する「3」が
幸せを呼び込むと話題に。

▶ **ローマン デザイン**
モノトーンの魔術師と呼ばれるヨーロッパを代表する若手家具
作家ヤコブ・ローマン氏33歳。人気エリアのカフェなどに置かれ
日本でも人気沸騰中。

▶ **セレブに人気**
モデルの伊藤杏奈さん、ミュージシャンのRakutaroさんなどの
ブログで紹介され、日本の富裕層から圧倒的支持。

1脚	6万円
1セット（4脚）	20万円

メッセ会期中にお申し込みの場合、店舗へは12月1日
以降のお届けになります。

〈先着100店さま限定〉
販促用「ローマン写真入りPOP」のご準備あります
（当社配送センターより店舗に発送）
要　・　不要

メッセ終了後は、10月11日(水)20時までに
「用紙を!"#」か「特設お申し込みフォーム」にてお申し込みください。

ローマン ザ・トライデント ("$%&'%()&)	貴店名	カラー ブラックのみ	セット
	ご担当者名		脚

ATORI 配送センター
直通FAX番号　　　（045）987-6549
特設お申し込みフォーム　http://www.atori.com/messe17

ATORI 本社　神奈川県横浜市中央区日本大通10-9-8　代表(045)987-6543

- 「○○担当者」だけでなく、相手の心に刺さる呼びかけをする
- 最初に目を留める左上にアイキャッチをレイアウトする
- 「期間限定」「日本限定」を打ち出し、希少感で購買を促進する
- アピールポイントを3点に絞って伝える
- 写真を入れればデザインは一目瞭然
- 相手のベネフィット（販促用POP）を入れる
- 締切日時を目立つように見せて、行動（注文）に誘導する
- 見本市終了後も申し込める手段を明示する
- 注文に必要なFAX番号とURLを目立つように表示
- 社名と連絡先を明示して後日の問い合わせを可能にしておく

● 資料作りのセルフチェック 「6W2H」

				✓	✓	✓	✓	✓
1	What	何を？	意思決定のために絶対に伝えるべき情報は何？					
2	Who	誰が使う？	使うのは自分か他者か？その人らしさは出ているか？					
3	When	いつまでに？	○日の○時に必要か？					
4	Where	(相手の)場所？	見せるだけか？相手に渡すか？					
5	Why	なぜ？	どんなゴールのために作る資料か？					
6	Whom	誰に？	相手はどんな属性の人か？					
1	How	どんな状態で？	紙か？デジタルか？					
2	How much	いくらで？	金額・コスト感は入っているか？					

● 資料作りの6つのステップ

		✓	✓	✓	✓	✓
1	仕様を決める！					
2	構成する！					
3	文を書く！					
4	ビジュアルを準備する！					
5	編集する！					
6	チェックする！					

おわりに
「資料力」で手に入れたい未来を手にする

意思決定は秒速で進む

　最後まで本書をお読みいただき、ありがとうございました。

　ここで、これまで私が目にしてきた資料の量とスピードをご紹介したいと思います。

　商業印刷の校正を担当していたときには、たとえば新聞4ページ分の家電量販店の折り込みチラシ50版（種類）を1日で見ていました。一字ずつ目で追っていたのでは間に合わないので、「アオリ」というパラパラ漫画をめくる要領でチェックしていきます。

　それと同じ目で、テレビのニュース番組の校閲では、テロップの基になる手書き原稿を、生放送の2時間でリアルタイムに700枚（ページ）チェックしていました。おそらく一般の方からすれば目にも留まらぬスピードです。

　そして、さらに同じ目で、私はプレゼン資料を見て選んできたのです。秒単位で「○・×」「よい・悪い」「使える・使えない」を判断してきました。

つまり、場合によって、決定権者はこれほどの量の資料をそれだけの速度で見て判断しているということです。もちろん、すべてがそんな短時間での判断ではありませんが、それでも見るプロ、選ぶプロは誤字・脱字から、内容の整合性、善し悪しまで気づいてしまいます。

　あなたには、まずそのスピード感の中で物事が判断され、決まっていくことを知っていただきたいと思いました。
　"私がこれだけ頑張って作った資料なんだから当然読んでもらえているだろう"という思い込みは捨てましょう。
　時間のない中、はじかれ、読まれていないこともあります。そのスピードの中で、まずは「読んでもらう」ことが最優先です。次に「通す」ために、具体的にはどうすればよいかがこの本でもっともお伝えしたかったことです。

試行錯誤の集大成をコンパクトに伝授

　今でこそ資料作成のプロと呼ばれる私ですが、社会人になりたての頃は、企画書も報告書も、すべてのビジネス資料の書き方を知りませんでした。学校で教えてもらうのは、せいぜい就職活動のための履歴書の書

き方くらいです。

　そこで最初は資料関連の本を買ってきてはそれをまねて作っていました。そのうち、取引先など自分以外の人が作った資料を目にする機会も増えてきます。それらを見ながら、「この資料は文字だらけだな」とか「線はこういうふうに使えばスッキリと目立つ」という気づきも増えてきました。

　プロの資料作成は、大企業、大プロジェクトになるほど細かく分業して進めます。私が文章だけを考えたもの、データをまとめただけのものを、プロのデザイナーが見栄えのよいグラフに加工し、スッキリしたレイアウトに仕上げてくれることもあります。出来上がった資料を見て「このように見せれば相手を直感させられるのか」と気づいてきました。

　それを自分の資料に反映する、また別の資料を目にして勉強する。この繰り返しで自分の資料をブラッシュアップしてきたのです。

　けれども、あなたはそんな遠回りの試行錯誤を繰り返す必要はありません。私が身につけてきたものはすべてこの本に放出しました。読んで満足するだけではなく、ぜひ実際の資料作りに反映させてください。

資料への気くばりで、相手の心をつかむ

　さて、本書は資料作りの本ではありますが、編集ノウハウを伝えるだけのものではありません。あなたが狙ったゴールを資料というツールで獲得する。すると、その過程で、必ずやGHOUS（Goal、Hospitality、Originality、Usability、Simple）を踏まえて相手のことを探り、何が相手に喜ばれる伝え方かを研究することになります。それはすべてのコミュニケーションに通じます。資料作りのプロセスはあなたの周囲にいる人とのよりよい関係作りにも役立つはずです。

　最後に、この本の著者名は天野暢子となっていますが、私一人で書き上げたものではありません。担当の酒井圭子さんに何度もアドバイスをいただき二人三脚でこの本を……でもなく、私は作家エージェント事務所に属しているため、さらにエージェントという力強いサポーターもついています。編集のプロフェッショナル、アップルシード・エージェンシーの宮原陽介さんとともに、「三人四脚」で力を合わせた結果、この本が完成しました。

　アイデアに窮したときには、友人らにアドバイスももらいました。そのほか、DTPやイラスト、装丁、販売、流通、この本に関わってくださったすべての

方々に感謝いたします。ありがとうございました。
　私もGHOUSを踏まえてこの本の企画書を書きました。編集者という意思決定者の心を動かし、出版社の企画会議で意思決定を引き寄せて、出版というゴールまで到達させました。資料初心者も資料のプロも、手に入れたいゴールを手にするためには資料作りからスタートするのは一緒です。
　次はあなたが資料の力でゴールを手にする番です。
　本書がその手助けになることを願っています。

〈文庫版あとがき〉
　今回の文庫化にあたり、2014年からの3年の間に変わった内容はないか、整合性はあるかなど改めて確認し、加筆いたしました。サンプルも新しいものを追加しています。それらの変更点を、新しく担当くださった編集部の田口卓さんと杉山亜沙美さんが魔法のようなスピードで編集をしてくださいました。そのほか文庫版の発刊に携わってくださったすべての皆さまにお礼申し上げます。ありがとうございました。
　資料作りをさらに極めたこの本で、あなたのプレゼンが3秒で決まっていきますように。

2017年3月

天野暢子

著 者
天野暢子（あまの・のぶこ）

広告代理店、スキー場コンサルティング会社、ゲームメーカー広報などを経て、2006年にプレゼンテーションを中心としたコンサルタント「プレゼン・コンシェルジュ」として独立。広島修道大学非常勤講師（プレゼンテーション論）。
「広告代理店」「メディア」「広告主」での、「提案する側」「選ぶ側」両方の豊富な経験から、プレゼン資料、企画書、プレスリリース、広告コピー、記事等、用途に応じた資料を作り分ける。テレビのニュース番組の校閲にも長年関わってきたため、テレビにおける一瞬の見せ方、伝え方等の演出方法をプレゼンに応用している。ひと言も説明せず資料だけで通した案件多数。
著書『図解 話さず決める！ プレゼン』（ダイヤモンド社）は台湾、韓国、中国で翻訳。ほかに『プレゼンはテレビに学べ！』（ディスカヴァー・トゥエンティワン）、『プレゼン力がみにつく PowerPoint 講座』（翔泳社）など。

著者エージェント：アップルシード・エージェンシー
http://www.appleseed.co.jp

カバーデザイン　柿沼みさと
カバーフォーマットデザイン　志村謙（Banana Grove Studio）
本文デザイン　Lush!

本書は『プレゼンは資料作りで決まる！ 意思決定を引き寄せる6つのステップ』（2014年8月／小社刊）を再編集の上、文庫化したものです。

3秒で採用！
絶対「通る」プレゼン資料のつくり方

2017年3月19日　初版第1刷発行

著　者…………天野暢子
発行者…………岩野裕一
発行所…………株式会社実業之日本社
　　　　　　　〒153-0044　東京都目黒区大橋1-5-1 クロスエアタワー8階
　　　　　　　電話（編集）03-6809-0452　　（販売）03-6809-0495
　　　　　　　http://www.j-n.co.jp/
印刷所…………大日本印刷株式会社
製本所…………大日本印刷株式会社
©Nobuko Amano 2017 Printed in Japan
ISBN978-4-408-45683-6（第一ビジネス）

本書の一部あるいは全部を無断で複写・複製（コピー、スキャン、デジタル化等）・転載することは、法律で定められた場合を除き、禁じられています。また、購入者以外の第三者による本書のいかなる電子複製も一切認められておりません。
落丁・乱丁（ページ順序の間違いや抜け落ち）の場合は、ご面倒でも購入された書店名を明記して、小社販売部あてにお送りください。送料小社負担でお取り替えいたします。ただし、古書店等で購入したものについてはお取り替えできません。
定価はカバーに表示してあります。
小社のプライバシーポリシー（個人情報の取り扱い）は上記ホームページをご覧ください。